新时代财富管理研究文库

The Belt and Road Initiative and Wealth Management

"一带一路"与财富管理

白光昭　于凤芹／著

经济管理出版社
ECONOMY & MANAGEMENT PUBLISHING HOUSE

图书在版编目（CIP）数据

"一带一路"与财富管理/白光昭，于凤芹著．—北京：经济管理出版社，2022.5
ISBN 978 - 7 - 5096 - 8425 - 2

Ⅰ.①—…　Ⅱ.①白…②于…　Ⅲ.①金融管理　Ⅳ.①F830.2

中国版本图书馆 CIP 数据核字（2022）第 082567 号

组稿编辑：赵天宇
责任编辑：赵天宇
责任印制：黄章平
责任校对：陈　颖

出版发行：经济管理出版社
　　　　　（北京市海淀区北蜂窝 8 号中雅大厦 A 座 11 层　100038）
网　　　址：www. E - mp. com. cn
电　　　话：（010）51915602
印　　　刷：唐山玺诚印务有限公司
经　　　销：新华书店
开　　　本：720mm×1000mm/16
印　　　张：12.25
字　　　数：204 千字
版　　　次：2022 年 8 月第 1 版　　2022 年 8 月第 1 次印刷
书　　　号：ISBN 978 - 7 - 5096 - 8425 - 2
定　　　价：88.00 元

"新时代财富管理研究文库"总序

我国经济持续快速发展，社会财富实现巨量积累，财富管理需求旺盛，财富管理机构、产品和服务日渐丰富，财富管理行业发展迅速。财富管理实践既为理论研究提供了丰富的研究素材，同时也越发需要理论的指导。

现代意义上的财富管理研究越来越具有综合性、跨学科特征。从其研究对象和研究领域看，财富管理研究可分为微观、中观、宏观三个层面。微观层面，主要包括财富管理客户需求与行为特征、财富管理产品的创设运行、财富管理机构的经营管理等。中观层面，主要包括财富管理行业的整体性研究、基于财富管理视角的产业金融和区域金融研究等。宏观层面，主要包括基于财富管理视角的社会融资规模研究、对财富管理体系的宏观审慎监管及相关政策法律体系研究，以及国家财富安全、全球视域的财富管理研究等。可以说，财富管理研究纵贯社会财富的生产、分配、消费和传承等各个环节，横跨个人、家庭、企业、各类社会组织、国家等不同层面主体的财富管理、风险防控，展现了广阔的发展空间和强大的生命力。在国家提出推动共同富裕取得更为明显的实质性进展的历史大背景下，财富管理研究凸显出更加重要的学术价值和现实意义。"新时代财富管理研究文库"的推出意在跟踪新时代下我国财富管理实践发展，推进财富管理关键问题研究，为我国财富管理理论创新贡献一份力量。

山东工商学院是一所以经济、管理、信息学科见长，经济学、管理学、理学、工学、文学、法学多学科协调发展的财经类高校。学校自 2018 年第三次党代会以来，立足办学特点与优势，紧密对接国家战略和经济社会发展需求，聚焦财商教育办学特色和财富管理学科特色，推进"学科＋财富管理"融合发展，构建"素质＋专业＋创新创业＋财商教育"的复合型人才培养模式，成立财富管理学院、公益慈善学院等特色学院和中国第三次分配研究院、共同富裕研究院、中国艺术财富高等研究院、黄金财富研究院等特色研究机构，获批慈善管理本科专业，深入推进财富管理方向研究生培养，在人才培养、平台搭建、科学研究等方面有了一定的积累，为本文库的出版奠定了基础。

　　未来，山东工商学院将密切跟踪我国财富管理实践发展，不断丰富选题，提高质量，持续产出财富管理和财商教育方面的教学科研成果，把"新时代财富管理研究文库"和学校 2020 年推出的"新时代财商教育系列教材"一起打造成为姊妹品牌和精品项目，为中国特色财富管理事业持续健康发展做出贡献。

编委会

编委会主任：白光昭

编委会成员（以姓氏笔画为序）：

于凤芹	王 鑫	江 强	刘国栋	刘夏青
孙 燕	孙 妩	李亚军	余慧倩	苗恩光
房德东	赵书亮	耿迎涛	喻晓平	滕 涛

前　言

　　自 2013 年习近平总书记提出共建"一带一路"倡议以来，我国与沿线国家在"政策沟通、设施联通、贸易畅通、资金融通、民心相通"的基础上，实现了合作共赢和开放发展。截至 2021 年 6 月，同中方签署"一带一路"合作文件的国家已达 140 个，"一带一路"成为当今世界范围最广、规模最大的国际合作平台。中国与"一带一路"合作伙伴国贸易额累计超过 9.2 万亿美元，中国企业在沿线国家直接投资超过 1300 亿美元。世界银行报告认为，"一带一路"倡议的实施使全球贸易额和全球收入分别增长 6.2% 和 2.9%，并显著提升经济增速。中国曾在古代丝绸之路中承担过责任，为世界贸易和经济发展做出了突出贡献；今天，中国仍然不忘大国的责任与担当，倡议各国命运相通、利益相连、责任共担，在"一带一路"倡议推进的过程中，与世界人民一起"互通有无""美美与共"，共筑美好发展蓝图。

　　"一带一路"倡议的实施扩大了全球贸易和投资规模，推动了经济的增长，促进了全球财富的创造、交换和新的分配。一定程度上说，人类发展的历史就是一部财富史，人类对财富的探索与创造、对财富合理分配的诉求和为之进行的抗争是社会发展的动力之一。人类发展的历史，充满着财富形态的不断变迁，贯穿着财富的创造、分配、交换、消费和传承等财富管理全过程。因此，在我国走向"共同富裕"的历史节点，在我国与世界人民一起创造财富、共同发展的特殊时期，关注财富管理问题显得特别重要；从财富管理的视角，深入思考"一带一路"倡议的影响非常有意义。具体地说，"一带一路"倡议推进的过程中，财富管理的产品、机构、市场等要素发生了哪些新变化？是否会促进财富管理中心的崛起或转移？是否带来科技、监管、文化、人才等方面的深刻影响？有哪些建议？为解答这些问题，课题组承担了山东工商学院校内委托课题——"一带一路"与财富管理（课题号2021WTZX001），并将主要研究成果付诸本书中。

本书内容共分为十二章。第一章为总论，概述"一带一路"倡议的推进及其与财富管理的关系，是全书内容的铺垫；第二章以时间为线索，梳理了古今丝绸之路沿线财富中心的演变；第三章至第六章，从机构、产品、市场和风险管理的角度，分析了"一带一路"推进对财富管理领域的直接影响。第七章至第十二章，分别从人民币国际化、自贸区建设、文化交流与人才培养等不同视角，深刻剖析了"一带一路"推进对财富管理相关领域的影响，并提出进一步发展的建议，是前面内容的进一步拓展。本书内容丰富，纵向来看，从古代丝绸的之路到今天的"一带一路"，展现了历史的兴衰和财富中心的变迁；横向来看，从产品、机构到人才培养和文化交流，突出了宏观及微观不同层次问题的内在联系与发展规律，是一本全面展现"一带一路"与财富管理问题的专业著作。

山东工商学院党委书记白光昭负责拟定本书的写作思路和结构框架，并对全书内容进行了修订和总纂。金融学院于凤芹老师负责课题组织、研究并对本书进行统稿和组织修改。山东工商学院多位老师参与了本课题的研究和书稿撰写，他们是于凤芹（第一章）、苗恩光（第二章）、喻晓平（第三章）、房德东（第四章）、孙妩（第五章）、刘国栋和余慧倩（第六章）、滕涛（第七章）、耿迎涛（第八章）、李亚军（第九章）、江强（第十章）、孙燕和刘夏青（第十一章）、王鑫和赵书亮（第十二章）。感谢各位课题组成员和全体作者的辛勤付出！同时感谢对本书提出指导意见的各位专家和经济管理出版社的各位编辑老师！你们的专业素养和敬业精神是本书顺利出版的保障。

在本书撰写过程中，我们参阅了大量文献资料，并引用了部分内容，在此特作说明并对作者说声"谢谢"！因写作水平有限，书中错误与不足在所难免，敬请业内各位专家学者批评指正。

课题组

2021年10月

目　录

第一章 "一带一路"与财富管理

"一带一路"起源于我国的丝绸之路，现已成为我国重大发展倡议之一。它借用中国古代丝路的历史符号，不仅为国际经济关系的发展打下基础，也为命运共同体的构建添砖加瓦，更为财富管理的建设赢得新机遇。

第一节 "一带一路"的历史与内涵

一、丝绸之路的历史与影响

丝绸之路，简称丝路，狭义的丝绸之路指北方丝绸之路，广义的丝绸之路还包括南方丝绸之路和海上丝绸之路。北方丝绸之路发轫于西汉时期，随着汉武帝将疆域拓展到西域地区，形成了以长安（今西安）为起点，经甘肃、新疆到中亚、西亚，以及欧洲各国的陆上贸易通道。由于最初这条通道上主要以中国出产的丝绸为贸易对象，故称为"丝绸之路"。南方丝绸之路是指在东汉永平年间，随着东汉军政势力达到滇西边隅，形成了以四川成都为起点，经云南到缅甸、印度等南亚、东南亚国家的商贸通道。海上丝绸之路兴起于唐、宋时期，是已知的最为古老的海上航线。中国海上丝路分为东海航线和南海航线两条线路，其中主要以南海为中心。南海航线从中国经中南半岛和南海诸国，穿过印度洋，进入红海，抵达东非和欧洲，途经 100 多个国家和地区。东海航线是从胶东半岛开始经辽东半岛、朝鲜半岛、日本列岛直至东南亚的贸易通道。

1. 陆上丝绸之路的历史

公元前 138 年和公元前 119 年，汉武帝为联合大月氏和乌孙两国夹击匈奴，两次派遣张骞出使西域。张骞从长安出发，经新疆的库车、喀什跨越葱岭先后到达大宛（今乌兹别克斯坦费尔干纳盆地）、大月氏（今阿姆河流域）并通过乌孙的关系派遣使节到访了身毒（今印度）、安息（今伊朗）等地。这为中国与西域各国的友好往来开辟了道路，丝绸之路也由此发轫。

公元 73 年到公元 127 年东汉时期，班超、班勇父子三通西域，进一步巩固和拓展了陆上丝绸之路。公元 97 年，班超令甘英出使大秦（东罗马帝国），虽然甘英最后止步于波斯湾附近，未能完成使命，但其留下了从安息帝国通往大秦的新路线。此路线是由安息帝国西部的泰西封、塞琉西亚向西北或西前行，终到罗马帝国所在的地中海东岸。甘英开辟出的这条新路线，极大地拓展了丝绸之路的里程，为后世贸易往来和财富流动提供了有力支持。

三国时期曹魏统一北方后，中原王朝一直掌握着对西域地区的控制权，使丝绸之路并没有因为魏晋南北朝 400 多年的动荡与战乱而受阻。隋朝一统中原后，隋炀帝在公元 609 年西巡武威、张掖以及西域的 27 国，吸引了众多国王和使者来访，他们纷纷借此盛典展示本国的特产和商品，期望与中国通过丝绸之路进行贸易往来。

唐朝时，经过唐太宗、唐高宗两代帝王的努力，西域地区完成了统一，有了强有力政府的保护，陆上丝绸之路进入最繁盛的发展阶段。大量的波斯、大食、身毒人来到中国，使长安（今西安）成为当时著名的国际大都市。唐朝灭亡后，中原王朝再次陷入动荡，五代十国和有宋一朝，丝绸之路都因为战乱和政权割据而受阻。直至元朝建立后，元帝国在其横跨亚欧的广阔疆域内设立了上万处驿站，并配备了 20 多万匹马保证驿道通行无阻。此时，丝绸之路已经不再局限于过去的几条线路，而是新开辟了许多从西方到大都的往来路线，宋时沉寂的丝绸之路再次走向兴盛。

明朝建立以后，随着郑和下西洋带动海上丝绸之路的不断发展，陆上丝绸之路的重要性有所下降。大帆巨船的运载能力远非骆驼和马匹所能相比。到了明朝末年，随着中原战乱频发以及西方大航海时代新航路的开辟，陆上丝绸之路逐渐消亡于漫漫黄沙之中。

图1-1　汉代丝绸之路路线示意图

资料来源：一带一路丝路文化之旅官方网站。

2. 海上丝绸之路的历史

海上丝绸之路是古代中国与东亚、南亚和西方各国进行贸易和文化交往的海上通道，又被称作海上陶瓷之路、海上香料之路。海上丝绸之路发端于我国东南沿海地区，途经东南亚、印度半岛直到阿拉伯半岛和非洲东海岸。其形成于秦汉时期，发展于魏晋南北朝时期，繁盛于唐宋时期，转变于明清时期。

早在先秦时代，东南沿海的居民便通过海路与东南亚地区有了贸易往来。西汉时期，汉武帝于公元前111年派兵占领南越，打开了岭南地区与印度半岛之间的海上通道。魏晋南北朝时期，中国经济重心南移，带动了海外贸易的发展。其间开辟出一条从广州出发，经南海，穿过马六甲海峡与孟加拉湾，终到阿拉伯地区的新航线，大大缩短了中国通往南洋各国的航海距离。

隋唐时期，伴随着大一统王朝的经济繁荣和造船、航海技术的进步，海上贸易往来日益频繁。中国出现了胶州、广州、扬州等重要的沿海港口，日本通过海路多次派出遣唐使与中国进行经济、文化交流，南洋和西亚的商人也纷纷通过海上丝绸之路到达中国沿海。

宋元时代，海上丝绸之路进入鼎盛时期。宋时由于北方战乱，陆上丝绸之路被阻绝，海上丝绸之路成为中原与西方各国进行贸易往来的唯一通道，宋朝政府于广州、杭州、宁波、泉州等港口城市设立外贸机关——市舶司，专门管理海外贸易。元朝海上丝绸之路得到进一步发展，泉州成为当时世界最大的海上贸易良港。海上丝绸之路从中国东南沿海延伸到了世界各地，东到日本、朝鲜，西连波斯湾和地中海，将丝绸、瓷器源源不断地输出，换回了大量的香料和珠宝。

明朝建立后，为了打击和防范倭寇在沿海地区的劫掠，满足达官显贵对南洋香料和珠宝等奢侈品的需求，郑和在1405～1433年先后七次下西洋，航程远达波斯湾和非洲东海岸，彻底贯通了中国通往东南亚、印度洋和阿拉伯地区的海上通道，使得明朝在国际上的声誉大大提升，朝贡贸易达到了巅峰。但这些航海活动耗资巨大，明朝国库空虚难以为继，明仁宗登基便下令停止了此类官方海上航行。到了1480年，为防止倭寇侵扰，明宪宗下令"海禁"，此后明清一直推行闭关锁国，延续海禁政策，我国航海事业逐渐衰落，海上丝绸之路逐渐走上消亡。

3. 丝绸之路的影响

提升商品流、人流、信息流、资金流的流通效率是经济发展的根本，也是古代丝绸之路这条亚欧大通道的重要发展内容和历史使命。

促进商品流通是古代丝绸之路的最初目的，张骞开辟丝路之后，沿线各国争先与中原王朝开展贸易往来，丝绸之路出现空前繁荣的状况。很多使团是假借汉使名义赴西域从事贸易的商人，他们穿梭于沿线各国，带动了大量的商品交换。通过丝绸之路，中国的丝绸、陶瓷器和茶叶源源不断地进入中亚、南亚和西亚各地，西方的香料、宝石、骏马也大量流入中国。在农作物方面，原产于西亚的黄瓜、大葱、西瓜等农作物被带到中国，从此成为了中国百姓生活中必不可少的农产品。中国的桃子、梨和桑蚕技术也随之传入希腊、罗马、印度等地，被当地广泛接受，印度人则将桃子命名为"中国果"，把梨树称为"中国王子"[①]。据西方学者统计，汉代丝路贸易最繁荣的时期，每年通过丝绸之路的中外贸易总额折算可能超过100万英镑。到了宋元时期，海上丝绸之路的货物流通量已经超过了陆路。通过海上丝绸之路输入的货物达数百种，大致可分为珠宝、布匹、香料、药物、皮货等。中国向外输出的货物同样种类繁多，主要有纺织品、陶瓷和金属制品等。元朝时，中原还通过海上丝绸之路向高丽地区大量运送粮食，成为了朝鲜半岛重要的粮食来源。

人员流动是古代丝绸之路发展的必然产物，大量的货物流通则伴随着大量的人口往来。两汉以来，丝绸之路日益兴盛，出现了"使者相望于道"的现象，中亚、西亚、印度和罗马的商户贩客"日宽于塞下"，一年之内多至数千人。汉

---

① 乌冬峰，张雅，黎芳. "一带一路"国家战略研究［M］. 北京：人民出版社，2017.

朝政府为了接待这些异域商贾，在长安建立了专供外国人居住的"蛮夷邸"。南北朝时期，北魏政府也在首都洛阳设立"四夷馆"供外国商人居住。隋唐统一之后，中原王朝进入了鼎盛时期，大唐开放包容的社会风气吸引了大量外国人通过丝绸之路进入中国，当时仅长安、洛阳两地来自波斯、阿拉伯的商人就超过了10万人。宋元时期，海上丝绸之路的兴起带动了更大的人口往来，广州、泉州、扬州成为了外商云集的中心城市。9世纪时，侨居在广州的外商及其家属超过12万人。

信息共享和文化交流也是丝绸之路影响的重要体现，丝绸之路是古代中原认识西方、了解西方和把先进文化传播到世界各地的主要通道。铸造铁农具、修建水利工程、纺丝织布等技术传到西域各地，在很大程度上推动了西域经济和文化的进步。造纸术、印刷术等古代发明通过丝绸之路陆续传入西方，成为资本主义生产方式发展的必要前提。同时，西方文化也通过丝路进入中国，对中原文化产生了一定影响。特别是佛教、基督教、伊斯兰教的传播，深刻地影响了中国古代宗教文化的发展和民族融合。

资金流通也是丝绸之路一项重要内容，随着大量的货物流通和人口往来，财富也源源不断地在古老丝路上流转起来。两汉时期，中国在丝绸之路贸易中处于逆差地位。中国对于西域各国香料和良马的需求远高于他国对中国丝绸的需求，因此在贸易中汉朝输出了大量的黄金。西汉理财专家桑弘羊在《盐铁论·力耕篇》中写道："汝、汉之金，纤微之贡，所以诱外国而钓胡、羌之宝也。……是则外国之物内流，而利不外泄也。"从中可以看出汉朝时中原地区更重视实物财富，愿意用金银交换国外的实物资产。然而西域国家得到黄金以后，并没有像中国一样将其作为钱币发挥其流通和贮藏价值，而是像《两汉刊误补遗》中记载的那样，"得汉黄白金，辄以为器，不用为币"，将黄金白银作为一般生活用品和装饰品处理。与两汉时期相反，到了明清时期，中国在丝绸之路贸易上处于巨额贸易顺差的地位。中国的丝绸和瓷器出口到西方，而西方在航海运动中从美洲掠夺的黄金白银则通过丝绸之路大量流入中国。在此过程中，中国虽然获得了大量的财富，但是缺乏合理有效的管理，巨额财富没有得到有效的利用，无法对富国强兵起到积极的作用，最终被西方列强通过鸦片贸易和侵略战争席卷一空。

丝绸之路的开辟极大地促进了东西方国家和地区之间的经济往来和文化互通，为双方从商品流通到人员往来，再到信息沟通和资金流动的全方位交流提供了便捷通道。在互通有无的商品流通带动下，各国商旅频繁往来甚至定居异域，金银等货币资金和马匹丝绸等实物财富源源不断地通过丝绸之路这条经济"大动脉"流转起来，火药、造纸术和阿拉伯数字等科技和信息流资源也随之传播到欧亚大陆的各个角落。通过丝绸之路所构建的商品流、人流、信息流、资金流全方位交通网络，亚欧地区的社会经济文化得到了前所未有的大发展、大融合。

二、"一带一路"产生的背景与发展目标

1. "一带一路"产生的背景

2013 年 9 月和 10 月，习近平总书记先后提出建设"丝绸之路经济带"和"海上丝绸之路"的构想，全球以及区域形势发生着巨大的变化，中国在此背景下面临着新的形势和任务。

在国际方面，和平与发展依然是当今时代的主题，但随着新一轮的科技进步和产业升级，发展中国家有了较为广阔的发展空间，全球经济发展不平衡的趋势有所放缓。"一带一路"沿线国家成为世界经济增长的重要动力，根据英国第三方预测机构英国智库经济和商业研究中心（CEBR）对 2010～2030 年世界各国经济增长率进行的预测，世界经济增长率普遍预期约为 3%，而"一带一路"沿线国家则达到了 6%，可见，"一带一路"沿线国家的发展潜力巨大。同时，国际金融危机深层影响依然存在，全球经济贸易增长乏力，贸易保护主义抬头，地缘政治关系复杂多变，外部环境不稳定、不确定性因素增多。

在国内方面，我国的东西部发展不均衡，经济重心和工业基础都集中在东部沿海地区，西部经济和工业发展都较为落后，实施"一带一路"倡议有助于我国优化产业布局，缩小地区发展差距。近年来，我国的工业产能和外汇资产存在过剩现象，去产能成为了经济发展的重点，"一带一路"倡议的实施可以推动我国扩大国外市场和寻找资金投资新方向。同时，我国的油气资源、矿产资源对外依存度很高，沿线国家有着丰富的油气和矿产资源，这为"一带一路"倡议的提出提供了必要性。另外，中国与"一带一路"沿线国家产业优势互补，利益诉求一致。邻国与中国加强合作的意愿普遍上升，为"一带一路"倡议的提出提供了可行性。

"一带一路"与实现人类命运共同体的关系方面，人类命运共同体建设是中国参与全球治理和打造世界经济、政治新格局的重要远景规划，而通过"一带一

路"建设构筑人类利益和责任共同体是实现命运共同体的主要路径。构建人类命运共同体这一远景目标的实现需要在政治安全、经济和社会利益融合达到一定程度之后由全人类共同承担发展责任，而各国共建"一带一路"是实现这一目标的必由之路。通过"一带一路"建设实现政策沟通、设施联通、贸易畅通、资金融通和民心相通，必将促进共赢发展，推进构建人类命运共同体的伟大进程。

我国曾经在丝绸之路发展的历史上承担着特有的责任，也做出过十分重要的贡献，"一带一路"倡议的提出符合我国坚定中国特色社会主义道路自信、理论自信、制度自信、文化自信，增强民族自豪感和自信心的文化大环境。

2. "一带一路"的内涵

"一带一路"的内涵总结起来，主要是"五通三同"，"五通"就是政策沟通、设施联通、贸易畅通、资金融通和民心相通。这"五通"是统一体，缺一不可。"三同"就是利益共同体、命运共同体和责任共同体。三者也是紧密相连、不可分割的一个整体。

政策沟通是共建"一带一路"的重要保证。"一带一路"倡议实施过程中，每个国家在相关问题上都可能有不同的政策，必须通过沟通达成政策共识。既要利用好积极因素，又要设法化解消极因素，求同存异，为项目建设开启政策绿灯。

设施联通是共建"一带一路"的优先领域。这里所说的设施指的是基础设施建设，包括交通设施、油气管道、输电网、跨境光缆建设等。良好的设施联通可以给沿线货物和人员交流提供便利。

贸易畅通是共建"一带一路"的重点内容。近年来，中国与沿线国家间的贸易有了长足发展，但各种贸易壁垒仍不便于扩大交往。因此，需要使贸易、投资和人员往来便利化，加强信息交换、海关、认证等方面的合作来拓展贸易和投资。

资金融通是共建"一带一路"的重要支撑。"一带一路"建设需要上千亿甚至上万亿美元的资金，任何一国都无力承担这样的巨额费用，只能通过市场运作来筹集资金。加强资金融通有助于"一带一路"倡议的实现以及参与国资金流动成本降低、抵御风险能力增强。

民心相通是"一带一路"建设的社会根基。国之交在于民相亲。搞好上述领域合作，必须得到各国人民的支持，必须加强人民友好往来，增进相互了解和传统友谊，为开展区域合作奠定坚实的民意基础和社会基础。

通过实行以上"五通"全方位推进务实合作，最终打造"一带一路"沿线国家政治互信、经济融合、文化互容的利益共同体、责任共同体和命运共同体，是"一带一路"倡议的基本内涵。此外，2020年全球新冠肺炎疫情大环境赋予了"一带一路"倡议新的内涵：疫情面前，人类是同舟共济的命运共同体。无论是应对疫情，还是恢复经济，都要走团结合作之路，都应坚持多边主义。"一带一路"必将成为团结应对挑战的合作之路，维护人民健康安全的健康之路，促进经济社会恢复的复苏之路，释放发展潜力的增长之路。

3. "一带一路"的发展目标

"一带一路"的提出与实施，旨在通过沿线各国之间的基础设施建设与经贸往来，实现"五通三同"的总目标。在实施过程中，要力求实现以下六方面具体目标：

其一，在基础设施方面，中国短时间内应以沿线各国互联互通为抓手，计划实施一批交通基础设施重点建设项目，远期则力求建成和沿线国家的六条战略大通道。

其二，在贸易投资方面，"一带一路"旨在加速贸易投资的便利化，实现互联互通，逐步扩大对沿线国家的外资投入，形成以线带片，从点到面的安全高效、合作共赢、多方平衡的开放型经济体系，使中国的发展惠及更多的周边国家，为中国的稳定发展和改革争取良好的外部条件。

其三，在商贸合作方面，"一带一路"倡议的重点是加快跨境经济合作区、自贸区谈判建设及沿线地区的协同整体发展，大大提高了沿线各国的市场开放和贸易便利化程度，逐渐加大我国和沿线国家的贸易总额。

其四，在资源能源合作方面，逐步扩大从沿线国家引进天然气和石油的规模和数量，加快推进一批火电、核电、水电油气以及矿产项目，增强我国的抗风险能力和积极性，提高能源安全的保障水平。

其五，在金融领域合作方面，"一带一路"倡议的近期目标是要加快建设亚洲基础设施投资银行，设立亚洲债券基金，筹建亚洲信用体系研究中心，促使"一带一路"沿线国家构建自己的金融合作体系，逐步摆脱美国的金融钳制，在未来十年内，争取和沿线国家及地区达成本币结算协议和本币互换协议，逐步实现人民币国际化目标。

其六，在重要门户和开放高地建设方面，"一带一路"旨在打造丝绸之路经济核心地带以及向西开放的新高地，建设面向东南亚和南亚的重要门户和开放性桥头堡；发挥大陆腹地的战略支点作用，构造一批内陆型经济开放高地；发挥海上丝绸之路沿岸地区的龙头引导作用，打造海上协作的新高地。

第二节 "一带一路"的进程与建设成果

2013 年 9 月和 10 月，习近平总书记先后提出了共建"*丝绸之路经济带*"与"*21 世纪海上丝绸之路*"，二者共同构成了"一带一路"重大倡议。在中国和沿线国家的共同努力下，"一带一路"由倡议到建设，取得了举世瞩目的成就。

"一带"指的是"丝绸之路经济带"，是在陆地。它从中国出发，到欧洲结束，将亚太经济圈与欧洲经济圈连接在一起。"一路"指的是 21 世纪海上丝绸之路，主要航线为：泉州—福州—广州—海口—北海—河内—吉隆坡—雅加达—科伦坡—加尔各答—内罗毕—雅典—威尼斯。

一、"一带一路"倡议下国内沿线地区的发展定位

"一带一路"倡议提出以来，共建"一带一路"对大幅提升我国贸易投资自由化便利化水平，推动我国开放空间从沿海、沿江向内陆、沿边延伸，形成路海内外联动、东西双向互济的开放格局。基于此总纲领，国内"一带一路"沿线地区都根据自身优势提出新的发展定位及理念来为"一带一路"的建设添砖加瓦。

沿海地区充分发挥毗邻海湾的地理优势。近年来，天津、江苏、上海、山东、浙江、福建东部沿海六省（市）在"一带一路"建设中，立足地缘区位、产业优势、人文特色，强化自身功能定位，"引进来"与"走出去"相结合，推动陆海联动、内外联动，形成了自己的特色或模式，推动"一带一路"向高质量发展迈进。例如，山东省结合新旧动能转换计划，引导优势产能和高端装备"走出去"，与沿线国家进出口贸易增长迅速，一批标志性项目相继落地，形成了"走出去"的"山东群体"。江苏省积极探索"重资产投资运营"和"轻资产管理输出"境外

园区建设新路径新模式，进出口贸易额占全国"一带一路"贸易额的 11.6%。

内陆地区的开放格局随着"一带一路"政策力度的加持，逐步从开放末梢走向开放前沿。例如，四川省深入实施"251 行动计划"，推进国际产能合作"1122 工程"，强化"一带一路"与长江经济带重要节点的功能。新疆维吾尔自治区设立了丝绸之路经济带创新驱动发展实验室，聚集 130 多家产学研机构。黑龙江省以对俄罗斯合作为重点方向成为我国向北开放窗口的重点地区。另外，"一带一路"倡议已然是内陆经济发展的驱动力。据统计，2017 年西部地区经济增速相较于中国 31 个省份 GDP 的增速来看，持续领跑全国。2018 年第十七届中国西部国际博览会聚焦"一带一路"，推出并签约了 808 个投资合作项目，显现出了内陆地区经济发展的活力和潜力。

"一带一路"倡议从顶层设计到落地实施，国内发展板块不断细致，各省份发展规划愈发详尽。东北地区、东部沿海地区、西南地区、西北地区和中部地区这五大发展板块，新疆、重庆、陕西、甘肃、宁夏、青海、内蒙古、黑龙江、吉林、辽宁、广西、云南、西藏这 13 个核心发展省份具体的发展方向和定位如表 1 - 1 和表 1 - 2 所示。

表 1 - 1　五大板块发展定位

板块名称	发展定位
东北地区	完善黑龙江对俄罗斯铁路通道和区域铁路网，以及黑龙江、吉林、辽宁与俄罗斯远东地区的陆海联运合作，建设向北开放的重要窗口
中部地区	依托重要城市群推动区域互动合作和产业聚集发展，打造郑州、武汉、长沙、南昌、合肥等内陆开放型经济高地。加快推动长江中上游地区和俄罗斯伏尔加河沿岸联邦区的合作
东部沿海地区	利用长三角、珠三角、海峡西岸、环渤海等经济区开放程度高、经济实力强、辐射带动作用大的优势，加快推进中国（上海）自由贸易试验区建设，支持福建建设 21 世纪海上丝绸之路核心区，打造粤港澳大湾区，推进浙江海洋经济发展示范区建设
西南地区	广西要构建面向东盟区域的国际通道，打造西南、中南地区开放发展新的战略支点；云南要建设成为面向南亚、东南亚的辐射中心；推进西藏与尼泊尔等国家边境贸易和旅游文化合作
西北地区	深化新疆与中亚、南亚、西亚等国家交流合作，打造丝绸之路经济带核心区；发挥陕西、甘肃综合经济文化和宁夏、青海民族人文优势，形成面向中亚、南亚、西亚国家的通道、商贸物流枢纽、重要产业和人文交流基地

资料来源：民生银行研究院。

表1-2 "一带一路"沿线部分地区的发展定位

省份	发展定位
山东	以国际产能合作为重点,深度融入"一带一路"建设
江苏	高质量推进"一带一路"交汇点建设
浙江	发挥经贸优势打造"一带一路"枢纽
福建	积极融入"一带一路"建设,打造21世纪海上丝绸之路核心区
上海	上海把经贸投资作为全面提升对外开放水平的主攻方向,同时在国家部委支持下,确立了以自由贸易账户体系为基础的跨境金融服务制度,依托世界级航空和港口的枢纽地位,不断完善与全球城市枢纽节点地位相匹配的集疏运体系和航运服务体系
陕西	大力发展枢纽经济、门户经济以及流动经济的"三个经济",同时建设交通商贸物流中心、国际产能合作中心、科技教育中心、国际文化旅游中心和丝绸之路金融中心,打造内陆改革开放新高地
四川	以"一带一路"建设引领全面开放合作,强化"一带一路"与长江经济带重要节点功能,打造国际航空枢纽和国际铁路港提升投资贸易便利化水平,构建"四向拓展、全域开放"立体全面开放新格局
云南	主动服务"一带一路",加快建成面向南亚、东南亚辐射中心
青海	发挥民族人文优势,打造"一带一路"人文交流基地
新疆	围绕社会稳定和长治久安总目标,以"一港、两区、五大中心、口岸经济带建设"为主要抓手,扎实推动丝绸之路经济带核心区建设
黑龙江	深度融入共建"一带一路",建设开放合作高地
河南	"空中丝绸之路"引领河南加速融入世界
湖北	坚持陆海内外联动、东西双向互济,从内陆腹地走向开放前沿
湖南	打造内陆开放新高地,绘好"一带一路"工笔画

资料来源:中国一带一路网。

二、"一带一路"倡议下国际进展及成果

在与"一带一路"沿线国家的沟通合作中,以政策沟通、设施联通、贸易畅通、资金融通和民心相通为主要内容得到了沿线国家的认可,各国之间的合作和建设成果也主要从这五个方面展开。

本着求同存异的原则,各国为促进经济的发展、区域经济的融合,截至2019年7月底,我国已与众多国家和组织签署了195份政府间合作协议。"一带一路"

沿线合作方逐渐增多，商签范围扩大到非洲、拉丁美洲、南太平洋、欧洲西部等多个国家和地区。中国对接的经济政策包括俄罗斯的"欧亚经济联盟"、印度尼西亚的"全球海洋支点"、哈萨克斯坦的"光明之路"、匈牙利的"向东开放"、菲律宾的"大建特建计划"，以及与蒙古国的"发展之路"。如今，中国规划对接的合作方还在逐步增加。

对基础设施的投入是影响发展中国家经济发展的重要因素，"一带一路"加强设施联通，有助于逐步形成连接东亚、西亚、南亚的交通运输网络，降低各国间运输成本，促进各国贸易交流。设施联通的大框架为"六廊六路多国多港"，在此框架下一系列标志性项目取得了实质性的进展。为建立和加强各国互联互通伙伴关系，中国与新亚欧大陆、蒙俄、中亚西亚、中南半岛、巴基斯坦和孟印缅形成了新的国际经济合作通道，将亚洲经济圈与欧洲经济圈联系在一起，为高效畅通的亚欧大市场发挥了重要作用。同时在铁路、公路、航空、港口、能源以及通信设施建设中都取得了丰硕的成果，在铁路建设方面，通过中老铁路、中泰铁路、匈塞铁路、雅万高铁等合作项目，各国之间铁路运输更加便捷；在公路建设方面，中蒙俄、中吉乌、中俄、中越国际道路直达运输成功运行；在航空建设方面，中国与126个国家和地区签署了双边政府间航空运输协定，与沿线国家新增国际航线1239条；在海运建设方面，中国与47个沿线国家签署了38个双边和区域海运协定，国际航运更加便捷。

在贸易畅通方面，"一带一路"国家的合作交流有助于降低成本、提高贸易质量、消除贸易壁垒进而实现共赢。2013~2018年，中国与沿线国家货物贸易总额超过6万亿美元，对沿线国家直接投资额约900亿美元。世界银行研究发现在"一带一路"倡议下，参与国的贸易往来增加了4.1%。2018年，通过中国海关跨境电子商务管理平台零售进出口商品总额、出口额、进口额分别为203亿美元、84.8亿美元、118.7亿美元，分别同比增长50%、67.0%、39.8%。

资金融通方面，为了完善境外企业的融资渠道支持，解决企业资金汇兑难的问题，构建多元化投融资体系是"一带一路"的合作目标。我国金融机构围绕该合作目标，促进各国在经常项下和资本项下实现本币兑换和结算，降低流通成本，为"一带一路"建设项目提供充足、安全的资金保障。中国政府2014年11月出资400亿美元宣布成立丝路基金，2017年5月又增资1000亿元人民币。截至2018年底，丝路基金协议投资金额约110亿美元，实际出资金额约77亿美元，并出资 20 亿美元设立中哈产能合作基金。不仅丝路基金在为"一带一路"的建设默默付出，亚洲基础设施投资银行及其他各类银行和金融机构等都在为"一带一路"中的各类项目提供资金。比如 2019 年 6 月底，中国出口信用保险公司在沿线国家已经累计实现保额约 7704 亿美元，支付赔款约 28.7 亿美元。与此同时，人民币国际化也在逐步推进，中国与 35 个沿线国家的金融监管当局签署了合作文件、21 个沿线国家建立了双边本币互换体系、7 个沿线国家建立了人民币清算安排，同时人民币跨境支付系统（CIPS）业务范围也已经覆盖了 60 多个沿线国家和地区。

中国与沿线国家和地区的合作不只是在经济领域，随着交流增多，人文交流合作也在不断深入。实现各国在文化、科学、医疗、慈善等方面的互动，可以为各国经济合作夯实社会根基、为改革和完善全球治理体系注入动力、为深化文明交流互鉴提供平台以及为构建人类命运共同体积聚条件。为加强民心相通，2013～2019 年丝绸之路沿线国家和地区中民间组织合作网络成为推动民间友好合作的重要平台，组织成员达 300 多家，极大地促进了丝绸之路沿线国家的文化交流。同时，为了提高沿线国家的科技发展水平，中国发起并成立了"一带一路"国际科学组织联盟，并且与东盟、南亚等沿线国家启动了科技伙伴计划、共建了区域技术转移平台。为促进"一带一路"发展，自首届"一带一路"国际合作高峰论坛以来，中国向沿线发展中国家提供了 20 亿元人民币紧急粮食援助，向南南合作援助基金增资 10 亿美元，在沿线国家实施了 100 个"幸福家园"、100 个"爱心助困"、100 个"康复助医"等项目。

第三节 "一带一路"对财富管理的影响

"一带一路"是广受欢迎的国际公共产品，也是目前发展前景良好的国际合作平台。与古代"丝绸之路"一脉相通，"一带一路"的建设给沿线国家和地区带来了贸易增长、人才集聚、资本扩张，实现了财富的积累和沉淀。但面对全球金融经济环境的不确定性，"一带一路"中投资、贸易等经济活动所涉及的货币和资本的管理要求更高，加快"丝路"财富管理布局、实现资产全球配置是

"一带一路"稳定发展的重要支撑。

"一带一路"倡议贯穿财富的生产、分配、消费、传承等各个环节。宏观层面上，"一带一路"带来财富的创造、分配和转移，为财富管理的产生创造条件和基础；中观层面上，"一带一路"为国内"财富管理中心"建设带来良机，有利于我国积极构建"一带一路"与企业、与居民财富管理需求相适用的财富管理平台，实现"财富管理中心"与"丝路"协调发展；微观层面上，"一带一路"促进了财富管理机构、市场和产品的融合与创新，为财富管理进一步创新和融合提供动力引擎。

一、"一带一路"带来财富的创造、分配和转移

1. 跨境贸易带来财富的创造

财富创造是人类社会的特有属性，是人类基于劳动资料和劳动对象进行劳动而产生的价值增值。"一带一路"倡议适应当下生产力高度发展的要求，所带来的商品、资金、信息和人员的流通为财富的创造提供了有利条件。

以"五通"中的贸易畅通为例。张骞开辟丝绸之路以来，大量的贸易往来是体现我国与沿线国家财富流通与积累的具体形式。时至今日，丝绸之路依然是我国对外贸易的重要通道，是实现财富创造和分配的重要方式。据统计，我国外贸交易量九成依赖于海域运输，而"一带一路"倡议的实施，使国内各地区和中国沿海港口焕发出新的生命力。不同的是，我国当前的丝绸贸易在"一带一路"倡议指导下，在宏观政策的指引下，对加强国际贸易合作、统筹地方经济发展有着重要的顶层设计意义。一方面，加快了中西部地区对外开放的步伐，加强了中西部地区对外贸易联系；另一方面，加强了中国与亚洲其他国家和地区及欧洲的联系，发展与这些国家的经贸往来有利于保障我国的经济和政治安全。

随着"一带一路"倡议的提出，我国对外贸易环境逐年改善，"一带一路"沿线国家进出口贸易总额从 2015 年的 60000 亿元增长到 2019 年的 92690 亿元，占我国全年进出口总额的比重从 2015 年的 25% 增长到 2019 年的 30%，如图 1-2 所示，与"一带一路"沿线国家贸易的增长反映了货物、商品、资本、人员的流动，为财富的创造提供机会，促进了财富的增长。

2. 基础设施建设带来的财富创造

设施联通是"一带一路"的五大合作重点之一，其中基础设施互联互通是

"一带一路"建设的优先领域。从国内来看，我国边境地区和跨省交界地区的基础设施互联互通建设相对滞后，短板和瓶颈效应比较突出，重要公路铁路路段缺失，口岸基础设施、跨境油气管道、跨境电力工程与输电通道、港口和水运通道都不完善。在此基础上，"一带一路"基础设施建设能够带动相关产业的发展，带来大量的人口、就业、消费和产品流通，从而为我国财富创造提供基础。

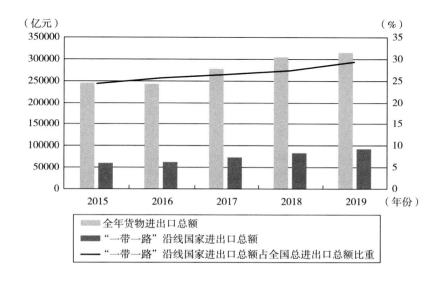

图1-2 "一带一路"沿线国家进出口贸易总额及占比

国际上，全球有63%的人口生活在"一带一路"相关区域，但其经济规模仅占全球生产总值的29%，人口和经济发展极不平衡。"一带一路"沿线国家由于其得天独厚的地理条件，自然资源丰富，人口优势带来了廉价且丰富的劳动力市场和尚待开发的消费市场，但是由于经济发展落后，交通、邮电、商业服务、文化教育、卫生事业等社会经济发展所必需的基础设施非常匮乏，而建设完善的基础设施需要较长的时间等待和巨额投资。因此，"一带一路"沿线国家非常愿意与中国合作，借助中国丰富的资金、优质的技术和先进的管理经验，推动本国基础设施建设，促进本国经济发展。2017年"一带一路"国家基础设施发展指数发布，国家基础设施发展指数是国际基础设施投资与建设领域的第一个综合发展指数，印度尼西亚连续三年在国家整体发展指数中排名榜首，图1-3为印度尼西亚国内生产总值增长情况，受益于我国对印度尼西亚基础设施投资的增加，印度尼西亚的 GDP 从 2015 年的 8608 亿美元增长到 2019 年的 11200 亿美元。"一带一路"倡议为我国创造财富的同时，也为沿线国家带来了财富的增长，提高了经济发展水平。

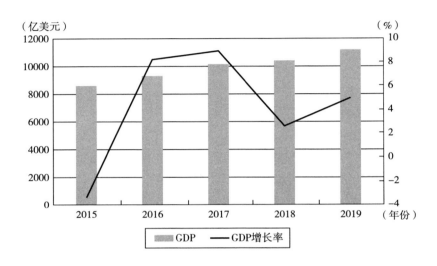

图 1-3　印度尼西亚 GDP 及 GDP 增长率

3. 资金融通带来财富的分配和转移

随着"一带一路"倡议的提出，国际合作从基础设施建设逐步深化到企业合作，资金融通已日趋常态化。资金融通会带来社会财富的再分配，财富的分配与转移通过市场交换进行，从一部门转移到另一部门，从而实现价值的转化。比如，通过直接对外投资，企业可达到资产的全球化配置。据商务部统计数据，2014～2017 年，我国对"一带一路"沿线国家直接投资累计达 646.4 亿美元，年均增长 6.9%，沿线国家对中国投资额总计 266.6 亿美元，注册企业数超过 1万家。在对外承包工程方面，2019 年我国企业同"一带一路"沿线的 62 个国家新签对外承包工程项目合同 6944 份，新签合同额 1548.9 亿美元，约占同时期新签合同额的 60%。可见，随着"一带一路"倡议的提出，财富在全球间可进行一个再分配与再转移。

"一带一路"倡议也推动了人民币国际化进程，带来了新的历史机遇。"一带一路"带来的资金聚集、流动需要一个多层次的金融平台来支撑。亚投行、丝路基金等为财富在各国之间流动提供平台支持,在"一带一路"倡议下,我国金融机构积极拓展海外机构,搭建金融平台。截至 2019 年末,11 家中资银行建立了 79 家"一带一路"沿线国家一级分支机构,同时,48 家"一带一路"国家银行在华设立了分支机构。金融机构的海外布局为财富转移提供便利,金融平台不仅提供传统信贷支持,还可以通过跨境人民币融资、投贷联动、发行"一带一路"主题债券、出口信用保险等方式开展"一带一路"项目投融资,投融资更加便利化。

二、"一带一路"为"财富管理中心"的建设带来机遇

财富管理中心,是以财富管理为核心的特殊金融中心,集大量金融资产管理机构和相关服务产业以及财富管理人才为一体,全面集中地开展资本借贷、债券发行、外汇交易、保险等金融服务业,统领金融业的各个领域,引领高端服务业的发展方向。其能够提供最便捷的国际融资服务、最有效的国际支付清算系统、最活跃的国际金融交易场所。财富管理中心是金融中心建设不可或缺的一部分,可以保障一个国家能够更好地提高资源使用效率,达到合理配置金融资源的水平。

"一带一路"倡议的实施带来了大量金融需求,是建设"国际财富管理中心"的客观条件。"一带一路"沿线国家的基础设施建设要求有长期稳定的现金流与之匹配,形成了长期投资的资金需求;中国与"一带一路"沿线国家贸易量的增长,贸易规模的增加带来了贸易融资的需求;多国家、多币种要求国际金融体系合作,提高结算效率,带来了货币结算便利的需求。这些金融需求需要一个能有效进行资源配置的金融中心来支持,而财富管理中心就是集聚金融机构、金融市场、金融人才等各类资源的基地。

我国财富管理中心之门于 1998 年最先在上海开启,其他地区紧随其后。中国银行 2007 年初创建私人银行,拉开了我国银行业财富管理的序幕。随着"一带一路"倡议的提出,国内财富管理建设开始向"一带一路"倾斜,青岛作为山东省的经济中心和最大港口城市,与财富有着不解之缘,是我国唯一以财富管理为特色的国家级金融改革试验区,经过几年的发展,多家国际金融机构在青岛积聚,金融业蓬勃发展,试验区走出了自己的特色。青岛作为"一带一路"上的双节点城市,具备建设财富管理中心的优势。青岛应重点建设区域物流中心、现代贸易中心、双向投资合作中心和国际交流中心"四个中心",打造国际合作新平台,拓展多领域合作,打造财富聚集地,努力成为我国以及全球重要的财富管理中心。

三、"一带一路"促进了财富管理机构、市场和产品的融合与创新

财富管理作为现代金融体系中充满活力的商业模式,拥有灵活的资产配置方案和更强的风险抗击能力。"一带一路"倡议为财富管理行业提供了良好的外部环境和广阔的市场空间,将会衍生出大量的财富管理需求。面临"一带一路"倡议的不断推进,财富管理行业要不断进行财富管理产品和服务的创新,提升自身的国际化和专业化经营能力,以应对投资银行、金融租赁、国际结算、债券承销、大宗商品交易、全球现金管理、财富管理、外汇兑换等各种业务需求。针对不同的财富所属,财富管理行业可根据持有者的投资偏好、风险偏好、流动性需求的不同,激发财富管理行业创新,迎接财富管理市场的新机遇。

"一带一路"沿线国家"熊猫债"的发行正是财富管理市场金融创新的成功案例。2017 年 1 月,上海证券交易所为俄罗斯铝业联合公司(以下简称俄铝公司)出具了可发行 100 亿元"熊猫债"的无异议函,上海证券交易所为首家"一带一路"沿线国家(地区)及上合组织成员国企业发行"熊猫债"。2017 年 3~9 月,俄铝公司在上海证券交易所成功发行两期"熊猫债",共发行 15 亿元人民币,票面利率为 5.5%,由中国国际金融有限公司承销。2018 年 3 月 20 日,菲律宾共和国在银行间债券市场成功发行 14.6 亿元人民币计价债券("熊猫债"),期限 3 年,票面利率 5.00%。2018 年 3 月 2 日,上海证券交易所发布《关于开展"一带一路"债券试点的通知》,明确了"一带一路"债券的主要制度安排。"熊猫债"的发行在我国资本市场上具有里程碑意义,对深化我国与"一带一路"沿线国家(地区)及上合组织成员国的金融合作具有示范意义,有利于推动更多境外主权国家发行"熊猫债",并将募集资金作为其国际储备的一部分,推进人民币国际化进程。同时吸引更多国际投资者参与我国债券市场,提高债券市场对外开放程度,拓宽"一带一路"建设融资渠道,深入推动"一带一路"建设。

第四节 利用 "一带一路" 加强财富管理的建议

众所周知，金融是经济的命脉，更是支撑 "一带一路" 倡议实施的核心所在。"一带一路" 倡议的实施，不仅带来财富的创造、分配与转移，也为我国财富管理中心的建设带来机遇，同时促进了财富管理机构、市场和产品的融合与创新。在 "一带一路" 的时代大背景下，全球财富流动更加频繁，加强财富管理对我国的金融发展与安全尤为重要。

一、重视 "一带一路" 财富变化，加强财富管理

"一带一路" 带来财富的创造、分配与转移使社会财富发生了很大的变化，政策沟通、设施联通、贸易畅通、资金融通、民心相通这 "五通" 都与财富息息相关，在财富管理过程中，不仅要重视财富量的变化，也要重视财富质的变化。"一带一路" 倡议不断加强沿线各国各地区的友好伙伴关系，在倡议对接过程中，极大地刺激了投资和消费，需求和就业被不断创造，有利于推动全球经济增长、贸易增长、投资增长，使世界各国受益。"一带一路" 使各国财富量发生变化，加强财富管理要重视财富的创造与消费，确保财富的保值与增值。

二、财富管理中心建设保障 "一带一路" 稳定发展

财富管理中心作为金融业的子行业，为 "一带一路" 的扩大建设提供融资、筹资平台，推动 "一带一路" 的可持续发展。财富管理中心与单独的金融机构相比，能够更好地整合金融资源，突破国家之间的限制，实现区域内资金的有效配置。"一带一路" 给我国财富管理中心建设带来重大机遇，财富管理中心可针对不同项目投融资的特性和共性，根据其实施可能带来的风险特征，开发对接 "一带一路" 专项服务，勇于创新财富管理发展新模式，促进 "一带一路" 沿线国家经济一体化的发展。财富管理中心的建设也有利于推动人民币国际化进程，保证人民币币值稳定，促进人民币在 "一带一路" 贸易、投资结算中的使用比重，增加人民币贸易结算种类和结算方式，从而为我国企业在 "一带一路" 跨

境投资提供稳定的金融环境，维护"一带一路"良好的国际金融秩序。

三、抓住"一带一路"机遇，加强金融创新促进财富管理的发展

财富管理作为国际金融中心建设的重中之重，有利于国家高效率配置金融资源。2019年国民经济和社会发展统计公报显示，我国GDP总量达到了99.09万亿元，逼近100万亿元大关，稳居世界第二位，随着财富的不断积累，我国高净值跨境多元化资产配置服务需求也日益强烈。

"一带一路"倡议的不断推进，给居民带来了丰富多样的理财产品，为企业提供了新的融资渠道。财富管理机构要立足于服务国家"一带一路"倡议，推动机构"走出去"和"引进来"，整合境内境外资源，将优秀先进管理技术引进国内，吸纳金融界的精英人才，利用信息优势研发与"一带一路"沿线国家财富管理市场相适应的风控体系，为客户提供立足于本土市场、放眼全球的资产配置方案，围绕资产管理、跨境金融、综合金融三个领域，通过产品、服务的创新，打造市场竞争力，为客户提供更多投资机遇，提高自己在全球财富管理中的地位，深化相关财富管理产品的创新，促进相关金融产品的多元化发展。

第二章 "一带一路"财富中心演变

人类社会的发展，无不彰显着对财富的渴望。劳动、贸易、战争、宗教都与对财富的追求交织在一起。贸易促进物资、货币的流通，对财富的积聚至关重要，即便在封建社会重农轻商的思想意识下，仍有众多商人奔波于全国，甚至世界各地从事商品贸易。人们对财富的无限渴望推动着丝绸之路的开辟，一个个商贸中心的建立与变迁，开启了横跨亚、非、欧三大洲之间的财富流转。

第一节 丝绸之路上的财富积累

一、丝绸贸易形成的原因

贸易是互通有无的一种商业现象，我国古代的丝绸贸易便源于地中海沿岸各国对我国丝绸具有极大的热爱与需求。山西运城市夏县尉郭乡西阴村发现的一处新石器时代遗址中的半个蚕茧印证了6000多年前中国已具有植桑、养蚕丝技术，然而欧洲至少到公元100年左右仍不能制作丝绸，从老普林尼的《自然史》中关于丝绸是用长于树上的羊毛制作可知，当时欧洲最强大的罗马帝国也不知道丝绸的制作方法。在丝绸之路开辟前，通过中亚各国商人的辗转贸易，欧洲贵族已经表现出对丝绸的极大青睐，到汉武帝时期，随着东西方贸易通道的畅通，中国的丝绸开始大量远销罗马，由于这条商道上主要以丝绸贸易为主，故1877年德国地理学家李希霍芬（F. von Richthofen）将其命名为"丝绸之路"，从此这个称谓被学术界广泛认可，并作出一定延伸。

丝绸之路上并非仅以丝绸为贸易载体，地中海地区的玻璃、玉石、毛皮也销往中国。然而这些商品却没有成为丝路上的最主要交易品。出现这种现象有以下两方面原因：一是当时处于封建社会的中国一直以小农经济为主，特点是自给自足，从衣、食、住、行方面看，中国的生产技术与世界各国差别不大，甚至在某些方面如纺织、冶铁技术还稍有领先。整个国家的生产、分配、交换、消费能够实现内部的平衡运转，对国外商品的依赖度不大。二是从贸易品上看，中国对国外的需求主要是玉石、玻璃、毛皮等，都属于奢侈品，只有处于上层社会的贵族才有需求，且由于这些商品多是耐用品，不会形成持续的大量需求。反观国外对中国的需求，丝绸虽是奢侈品，但却是易耗品，因此随着欧洲贵族对丝绸的追捧，中国的丝绸源源不断地运往欧洲，同时大批的黄金流往中国，中国的对外贸易一直处于贸易顺差的状况。基于上述因素，中国在当时的世界贸易中主要扮演生产商的角色，欧洲地区的国家则扮演消费者的角色，而中亚各丝绸之路上的国家则是贸易中间商。

二、丝绸之路开辟前世界各区域经济状况分析

财富的创造是人类社会特有的现象，伴随着人类社会形成、发展的整个历程。1845年，马克思和恩格斯在《德意志意识形态》中指出："人们为了能够'创造历史'，必须能够生活。但是为了生活，首先就需要衣、食、住以及其他东西。"因此"第一个历史活动就是生产满足这些需要的资料，即生产物质活动本身"。大河附近肥沃的冲积平原为人类进行第一历史活动的物质资料生产提供了得天独厚的自然条件。黄河、长江流域的中国，恒河流域的古印度，尼罗河流域的古埃及，两河流域（幼发拉底河与底格里斯河）的古巴比伦，此四大文明的发源地均是在大河附近的冲积平原，称为大河文明。与之相对的则是西方古罗马和古希腊地区形成的海洋文明。这些孤立发展的文明，构成了人类社会早期财富的聚集地，最终将通过丝绸之路联系在一起。值得注意的是，欧洲除意大利外的地区并没有出现人类文明，直到公元1000年左右随着农业革命的开始，经济才开始走向繁荣，原因是虽然欧洲的土地肥沃，但却多是湿重的黏土，而当时普遍使用的轻犁没办法进行深耕，在公元1000年左右随着游牧民族日耳曼人进入欧洲，才开始使用重犁，农业才开始迅速发展，促使经济走向繁荣。因此早期的

欧洲并不像现在这么发达。直到大航海时代的到来才真正改变了欧洲在世界中的格局。

夏商周时期，我国黄河流域的旱作农业区主要种植粟、黍和小麦，南方长江流域的稻作农业区主要种植水稻。此外涉及的产业还包括渔猎、家庭饲养、制盐、铸铜、纺织、髹漆等。经济制度上形成的是生产资料及其所转化的经济权力完全归官吏和官吏阶级所有的一种独特私有制，亦即王有制或官有制，商贸活动尚未大规模形成。到秦朝时期，随着农业、手工业的发展，统治者意识到只有商业繁荣才能使国家财富积聚。为鼓励工商业发展，国家统一度量衡，鼓励民间经济发展，甚至允许民间经营以前只有国家才能经营的矿业。汉朝初年以前，限于帕米尔高原的地理阻碍和西域地区匈奴及月氏等国政治阻碍，中国与欧洲几乎没有直接交往。在汉武帝之前，汉朝最远的频繁贸易范围仅到达西域诸国，汉朝将丝绸、药材等商品销往西域，同时购入玉石、葡萄等商品。此时的中国形成的是相对封闭的经济环境，财富的生产与积累仅限于国内及周边地区，属于区域经济范畴。在秦和西汉前期形成了以都城长安（今西安）为中心的经济区，这是因为我国封建社会是小农经济，受重农轻商思想的影响，并没有形成以商业活动为中心的经济区，而政治中心通常也是当时经济、文化的中心，随着国家都城的迁移，经济、文化中心也相应改变。

处于亚洲西部两河流域的美索不达米亚文明，由于地处平原，周围没有山脉的阻挡，因此经常面临政权的更迭、财富主权的转移，但同时也促进了各种文化的融合、发展。这里先后经历了苏美尔王朝、巴比伦王朝，主要以小麦、大麦、牛、羊等农牧业为主。与之不同的是，尼罗河流域的埃及，由于沙漠、红海和地中海的包围，早期这里对外战争较少，形成了一套完整的文字体系、政治体制，主要作物同样也是大麦、小麦、豆等，受惠于尼罗河有规律的定期泛滥，这里的农作物产量非常高，这也促进了科技、音乐、建筑、文化的发展，其中莎草纸的发明，被广泛销往海外希腊、罗马、阿拉伯等地区，但是由于这里战争较少，因此军事相对落后，后来常常处于地中海国家的统治之下。印度河流域的印度文明同样以小麦、大麦、牛、羊等农牧业为主，且盛产各种香料，制陶业、车船制造业、商业都比较发达。到波斯帝国时期，大流士一世将疆域扩大到西起小亚细亚和尼罗河流域，东到帕米尔高原、印度河平原，将古印度、两河流域、古埃及都纳入了疆域范围，但经济发达地区仍在尼罗河流域和两河流域，是国家税收的主要来源地。后来在爱琴海周边兴起的希腊在亚历山大的领导下，打败波斯帝国建立亚历山大帝国，将希腊文明传向了中亚地区，同时促进了民族融合。亚历山大并没有向西方的欧洲地区扩张，因为当时的欧洲比较贫穷落后。为了便于统治，亚历山大将首都建在了巴比伦，通过东征开辟了东西方贸易的通道，其在中、南亚地区修建的许多城池后来都逐渐发展成为贯穿东西的贸易中心。在亚历山大死后，帝国开始分裂，埃及建立了托勒密王国，亚历山大港成为其首都。以叙利亚为统治中心建立了塞琉古王国，继承了亚历山大帝国的主要领土，印度后来逐渐脱离其控制建立孔雀王朝，其首都华氏城位于恒河下游，是古印度最大的城市。孔雀王朝之后印度开始走上分崩离析的状态。然而此时的罗马正由一个个独立的城邦走向统一，罗马共和国以农立国，在向海外扩张前手工业和商业并不发达。尽管在不断的征战中原来的文明逐渐灭亡，但这些地区始终是人类进行生产、生活的主要地方，是财富的创造、流转、聚集地。

在丝绸之路开辟前世界经济活动区域已经可以分为两大部分，以帕米尔高原为界，以西是以两河流域为中心的中亚及地中海贸易活动区，以东是以中国为中心的经济贸易区。但两大贸易区之间的交往还很有限。原因有两方面：一方面，地理环境如帕米尔高原等难以通行；另一方面，西域地区政权国家的阻碍。

三、丝绸之路开辟后世界各区域经济状况分析

丝绸之路开辟后将东西两大贸易区联系在一起。但是由于朝代的更迭，丝绸之路并不总是畅通无阻，以丝绸之路对中国的贡献进行区分大致可分为贸易繁盛期、贸易中衰期、贸易复兴期、走向闭关锁国、再次对外开放几个阶段。

1. 中国对外贸易的繁盛期

汉武帝时期为了免受匈奴对西北边境的长期侵扰，通过战争取得了对西域的控制，到汉宣帝时期，设立西域都护府，正式取得了对西域的控制。政权的统一为贸易的畅通提供的保障，形成了我们今天所称谓的"丝绸之路"。许多城市或国家也因贸易的频繁而出现或变得繁荣。

汉武帝时期，通过将盐铁业收归国营，打击富商大贾，加强了中央集权的经济力量，但却对商品经济产生了相当大的消极影响，而通过禁止郡国铸币，把铸币大权收归中央的政策实现了货币的统一，促进了经济的发展。据《史记》所载，当时商业经营的范围很广，市场中陈列着粮食、盐、油、酱、果类、菜类、

牛、马、羊、布、帛、皮革、水产等几十种商品。牛耕和铁制农具的推广则促进了农业的发展。同时由于丝绸之路的开通,欧洲与中国的丝绸贸易促进了丝织业的繁荣,纺织技术水平也有很大的提高,长安(今西安)和临淄(今淄博市临淄区)是当时全国丝织业的中心。到西汉末年,垦田面积已达8270500余顷,人口达6000余万人,比秦朝增加两倍以上。

东汉时期,纺织业进一步发展,除中原地区外,西域地区的纺织业也比较发达,原因是汉朝控制西域后,纺织技术传到了西域。随着铁制农具的普及,冶铁业得到了迅速发展,形成了以陪都南阳为中心的全国最大的冶铁中心,这也促使了中国铁器的出口,但由于盐铁受到国家管制,实际的出口量很少。然而印度地区当地政权力量相对较小,因此印度铁大量出口地中海地区。

铁具及牛耕技术的发展,提高了社会的生产力,扩大了人们的生存范围,以湿地居多的江南地区开始被大规模开发。东汉后期,中国经济中心开始出现由黄河流域向南迁移的现象。钱塘江流域及成都平原开始逐渐成为新的经济重心。不过东汉时期,大部分居民仍然居住在黄河流域。因此,其仍是当时的经济、文化、政治中心。科技、教育方面,蔡伦的造纸术极大地提高了科技、文化的传播速度。

与汉朝大约同一时期的丝绸之路上的国家是贵霜帝国、安息帝国和罗马帝国。其中,贵霜帝国鼎盛时期疆域从今日的塔吉克斯坦绵延至里海、阿富汗及印度河流域,人口约500万。处于丝绸之路的核心地理位置,其国贸易相当发达,贵霜商人向南进入南亚,向东进入汉朝,向西经过安息帝国可以进入罗马帝国,他们把汉朝的丝绸、香料及名贵的奢侈品运到罗马,同时把罗马帝国的奢侈品输送到东方各国。由于贸易的原因,其手工业也迅速发展,特别是货币铸造相当发达。安息帝国全盛时期的疆域西达幼发拉底河,东抵阿姆河。但其国内经济发展一度出现地域性不平衡问题,两河流域是经济、文化、政治的中心,而里海沿岸及伊朗山区则还主要以狩猎、游牧为主,但丝绸之路的开辟则使里海、伊朗地区的许多城池变得繁荣,消除了其区域性发展不平衡问题。当罗马共和国成为罗马帝国时,极盛时期疆域西起西班牙、高卢与不列颠,东到幼发拉底河上游,南至非洲北部,北达莱茵河与多瑙河一带,地中海成为帝国的内海,罗马帝国控制了大约500万平方千米的土地。经济方面仍以农业为重,主要种植小麦、橄榄和葡萄,但是生产效率并不高,生产形式是大规模的奴隶庄园。东方各行省是税收的重要来源。

2. 中国对外贸易的中衰期

到东汉末年三国时期，曹魏仍控制着河西走廊，但对西域逐渐失去控制力，魏、蜀、吴对外交流仅局限于各自的周边诸国。晋朝时期，国内战乱，外族入侵，到东晋时，王朝南迁，中原的财富开始向江南地区转移，经济中心也随之南迁，形成了以建康（今南京）、江陵（今荆州）为中心的政治、经济商贸圈。广州海上贸易繁荣，进口翡翠、犀象、香料，出口丝绸、瓷器等。到南北朝时期，南朝纺织业比较发达，造船业在东吴的基础上又有发展，往来于东海、南海和内地河道的船只频繁，大者可载重二万斛。已开始与东南亚诸国及印度进行贸易，这也是南朝在北方的陆上贸易通道受阻后，在海上寻求对外贸易的表现。南方的重要城市有建康（今南京）、江陵（今荆州）、成都、广州等地。成都不仅商业繁盛，而且也是高级丝织品的重要产地。广州是海外贸易中心，最远抵达波斯（伊朗）。

此时在中亚地区萨珊波斯取代安息帝国，而贵霜帝国在 3 世纪逐渐衰落，在中亚的地位被东印度的笈多帝国所取代，罗马帝国也进入了西罗马和东罗马时代。由于战乱及各地政权的分裂，这一时期陆上丝绸之路几乎中断，贸易量甚小。

3. 中国对外贸易的复兴期

到隋炀帝时期，隋朝迁都洛阳，开凿了隋唐大运河，修筑了驰道、长城，形成了以洛阳为中心贯通南北的交通网，带动了中原及南北各地区经济、文化与商贸的发展。疆域方面，隋炀帝取得了对河西走廊主干线青海道的控制，重新打开了丝绸之路，畅通了中国与西方的联系。长安已成为国际性大都市，有许多欧洲、波斯商人居住于此。到唐朝时期，万国来朝达到鼎盛，向其朝贡之国多达三百余个。各国学者、商人来到唐朝交流学习，经济、文化呈现出多元化发展的特点。农业生产有新的进步，粮食产量有所提高，如天宝八年，官仓存粮达 9600 万石。长安、洛阳米价最低时每斗仅 13 文。手工业有纺织业、陶瓷业和矿冶业。唐后期，南方手工业大幅进步，特别是丝织业、造船业、造纸业和制茶业。到五代十国时期，北方战火使经济出现衰退，人口锐减，而南方则因持续吸收北方的流民，而具有大批的劳动力，加速了南方经济的发展，形成了若干个以大城市为中心的经济区域。蜀地是农业、工商业发达地区。江南两淮重农桑、茶叶、水利与商业贸易。湖广靠卖茶和通商。此时，南方已完全替代北方成为全中国的经济中心。对外贸易也很兴旺，东至日本，西至罗马，都有商业往来。明州（今宁波)、福州、泉州、广州都是外贸重要港口。宋代对南方大规模开发，进一步促使经济中心南移。宋朝的经济达到了空前的繁荣，农业、印刷业、造纸业、丝织业、制瓷业均有重大发展。航海业、造船业成绩突出，海外贸易发达，与中东、非洲、欧洲等地区 50 多个国家通商，东南沿海的港口成为新的贸易中心。宋朝纸币的出现促进了经济发展，同时也增加了通货膨胀的风险，因为政府遇到财政危机，总是通过发行纸币来缓解。

大约在同一时期，公元 6 世纪后半叶时，中亚地区的东罗马帝国和波斯之间连年战争，使波斯湾—红海—尼罗河的海上商路无法通行，而地处阿拉伯半岛的麦加则成为东达波斯湾、西至红海、北到叙利亚、南通也门的交通枢纽，使麦加成为一座繁荣的商业城市，同时伊斯兰教也在此兴起，并最终形成阿拉伯帝国。

政教合一的阿拉伯帝国逐渐统治了西到西班牙、东到帕米尔高原的地区。首都巴格达不仅是阿拉伯帝国的政治中心，也是商业码头。很多穆斯林商人活跃于亚、欧、非三大洲，充当贸易中介。当时，中国的广州、泉州、扬州等地聚居着大批穆斯林商人。唐朝与阿拉伯帝国的交往较为密切，也正是在这一时期，中国的造纸术传向了阿拉伯地区，继而又传向欧洲，阿拉伯也将数字、航海、地理知识传向了中国。

到蒙古帝国时期，实现了亚欧大陆的统一，扫清了丝绸之路上各个政权的阻碍，实现了贸易自由。同时也促进了各民族的融合，丝路上不同种族、不同信仰、不同文化的人可以自由往来贸易。

4. 中国开始走向闭关锁国

明朝时期，已经出现海禁现象，虽然有郑和下西洋的壮举，但开放的只是朝贡贸易，民间私人不准出海。隆庆年间海禁取消之后，中国商品大量开始流入欧洲和美洲，在 16、17 世纪，西班牙和葡萄牙征服了美洲并在那里获得大量的黄金和白银。通过向中国购买丝绸、瓷器和茶叶，最后这些白银和黄金大部分都流到了中国。这一时期，世界上 1/3 的白银，通过贸易流向了中国。白银货币化成为明朝后期乃至清朝引人注目的现象。明代中后期，农产品呈现粮食生产的专业化、商业化趋势。长江三角洲一带是当时桑、棉经济作物和手工业最发达的地区，江南、广东一带原来的产粮区开始生产棉花、甘蔗等经济作物而成为粮食进口区，各区域之间经常调剂粮食。明朝社会经济的一个显著特点是商业经济在整个社会经济中的地位提高，各地区纷纷形成了商会。

清朝时期在农业和手工业进一步发展的基础上商业更加发达。由于农业中商品性生产扩大，农产品越来越多地变为商品，出现了许多专门化的经济作物区，为手工业生产提供原料，或者直接供应消费者。集市贸易是最普遍的交易形式。但自雍正、乾隆时期开始闭关锁国的政策，使清朝开始脱离与世界各国的联系，逐渐落后于其他国家。

然而这一时期，欧洲却经历了始于意大利的文艺复兴运动，带来了科学与艺术的革命，揭开了近代欧洲历史的序幕，随着大航海时代的到来，哥伦布发现美洲新大陆，为欧洲带来了大量的贵金属，填补了其因大量购买东方奢侈品而造成的财政短缺，同时也因扩大对东方商品的需求而促进了丝绸之路的繁荣和大量金银流向中国；达·伽马绕过好望角开辟欧洲到印度的东方航线，从而打通了欧洲与印度、中国等国直接贸易的通道。海上丝绸之路的畅通使中亚地区的国家开始由盛转衰，因为通过海路运输大大降低了因陆路运输经过各个政权国家所要交的关税成本，欧洲商人直接通过海上贸易通道运往欧洲的商品要价只有威尼斯商人的1/5。这一优势使威尼斯、阿拉伯商人陷入了被动，同时也造成了商业中心从地中海转向了西欧地区。欧洲爆发的工业革命，使西方国家开始向生产型国家转变，其生产力水平远远超过中国，同时也使整个社会的财富创造形式由以农业、手工业为主向工业转变。

5. 中国再次加强与世界各国的联系

近代以来，中国一直处于战争状态，直到中华人民共和国成立，才形成了具有完整主权的国家。在改革开放之后，我国与世界各国的联系才逐渐加强，在国际舞台上的地位也越来越重要。从经济特区的设立，到加入WTO，自贸区的设立，再到"一带一路"倡议的提出，说明中国在世界贸易中扮演着越来越重要的角色。

第二节　丝绸之路上财富中心的演变

城市往往是财富的聚集地。贸易会促进城市的形成与繁荣，而贸易方式的改变也会使繁华的城市逐渐走向衰败，同时城市的发展也会促进商贸的繁荣，两者相互依存、相互影响。丝绸之路上各城市兴衰的历史无不表明贸易与城市发展的相互影响，同时也展现着财富的积聚与变迁。

一、城市兴盛的原因分析

1. 政治因素促使城市形成

早期城市的形成与繁荣多以政治中心为主，如西汉时长安（今西安）为都城，此地区也是经济、文化最繁盛的地区，到东汉时，洛阳成为都城，经济文化中心出现东移现象，丝绸之路的起点也因此向东延伸。西方如罗马帝国的都城君士坦丁堡的建立就是因为此地区交通便利，便于全国的统治。此城也成为公元4世纪到13世纪欧洲最大、最繁华的城市，至今也是国际大都市之一。因为在封建社会，生产方式主要以自给自足的小农经济为主，生产专业化分工程度不高，中国在明清时期才出现生产的专业化现象，因此商业并不发达，而政治中心往往是贵族的聚集区，贵族一般是脱离手工业生产的，对商品交易有较大的需求，因此早期的商业呈现出对政治的依附现象。

2. 以产业发展为中心形成的城市

农业、手工业的发展是商业的基础，当生产具有区域性特征时，大规模贸易才会出现，而贸易的繁荣也会促使形成生产专业化的区域性特征。许多城市因手工业生产技术的专业化而发展起来，如东汉时期，临淄因丝织业发达，成都的蜀锦驰名全国，南阳的冶铁业很发达。这些城市的兴盛是因为生产技术的集中等因素而形成的，而有些地区则是因为贸易发展而形成生产专业化，如明清时期，江南、广东专门种植棉花、甘蔗等经济作物。

3. 因军事而建立、因贸易而繁荣的城市

有些城市的建立是经济发展的需要，而有些城市的形成则是为国家安全考虑，如汉武帝时期为避免匈奴的侵扰，夺取河西走廊，建立武威、张掖、酒泉、敦煌四郡。此条通道是联系北方游牧民族和南方中原民族的重要通道，控制住此条通道便能防止北方游牧民族南侵。此外，此条通道还是联系西域各国，甚至通往中亚、欧洲的必经之路。此四郡的建立是出于军事上的考虑，而军事为贸易安全提供了保障，贸易又促进了此四郡的繁荣。特别是敦煌随着贸易的开通，逐渐成为一个繁荣的商业中心。

4. 因贸易而建立的城市

西域及中亚各国的城市兴旺多因贸易，当地商人因贸易而致富，政府则因税收而富有。贸易的频繁也会促进手工业技术的传播。其中，中原的丝织、冶铁等手工业技术便是在汉朝时期丝绸之路开通后传向西域的，同时西域也生产玉石、毛皮等商品，使西域诸城兼具商品集散地和产品生产地的特点。马什哈德处于中亚地区丝绸之路两条分支的交汇点，交通便利，四通八达，除贸易外更是集文化、政治、宗教于一身的城市。埃及的亚历山大港，是连接欧洲和东亚、东南亚各国的重要港口，至今仍是埃及最大的港口城市。

5. 因宗教而建立的城市

当今世界上的三大宗教，有两大宗教都在地中海附近诞生，其中耶路撒冷既是基督教的诞生地，也是伊斯兰教的朝拜地（后迁到了麦加）。这两大城市都是因宗教而兴起的。由于人口的聚集，且这里交通便利，自然也成了贸易中心，以及丝绸之路上商品的集散地。

不论是因为政治、手工业、军事、宗教，还是因贸易本身而建立起来的城市，最终能够繁荣都离不开商贸的助推。

二、城市发展的兴衰转变

1. 中国经济中心南移现象分析

古时中国的长安（今西安）、洛阳既是政治中心，也是经济中心，特别在唐朝时曾是国际性大都市，但现在我国的经济中心是上海、广州等沿海城市。导致经济中心南移的因素很多，包括生产力、政治、贸易便利性等因素。从生产力方面看，早期的人类活动对自然的依赖度比较大，大多生活在土地肥沃、水源充足的冲积平原，随着铁具、牛耕技术的发展，人类文明开始向沼泽湿地延伸，因为这里的土地经过人工改造更适合农作物的生长，而我国南方多湿地，因此只有当生产力达到一定条件才能被开发。从政治角度看，当中原政权相对于北方游牧民族较弱时，往往会被迫南迁，东晋、南宋都是在南京建都。特别是南宋时期，大量流民南迁使南方经济开始超越北方。从交通便利性角度分析，在大航海时代到来前，人们主要是通过陆地交通进行贸易，而洛阳、长安（今西安）又地处中原，是各地交通的要塞，人流的集散地，因此成为经济中心。然而海上通道的开辟，远低于陆上贸易成本的优势促使沿海城市如广州快速发展，贸易运输方式的变化是洛阳、长安（今西安）衰退的重要原因。

2. 古巴比伦城的衰败

巴比伦是一座令人神往的古城，它位于幼发拉底河和底格里斯河的交汇处。富庶的农业产出，四通八达的交通便利，为其早期成为巴比伦王国、亚历山大帝国首都奠定了基础。空中花园、通天塔庙展现了当时巴比伦城的繁华。但是在亚历山大帝国之后却逐渐衰退，且再也没有恢复。原因主要是政治因素，亚历山大帝国之后的各个政权都认为那里不适合作为都城，因为那里地处平原，经常发生战乱且无险可守。

3. 敦煌、麦加城市的兴衰

敦煌与麦加的兴盛有共同的因素：贸易和宗教。敦煌一度因为丝绸之路的畅通而繁荣，麦加也同样因为位于波斯湾到埃及的陆上通道而繁荣。此外，麦加是伊斯兰教的朝圣地，众多的朝圣者也促进了当地经济的繁荣。敦煌则是印度佛教经贵霜帝国传向北魏乃至中原的第一站，莫高窟便能印证当地佛教的兴盛。不同的是，麦加至今仍是阿拉伯的一个省会，伊斯兰教的朝圣地，虽然在世界城市中的地位有所下降，但仍是阿拉伯国家的重要城市。然而中国的敦煌则由于陆上丝绸之路的衰落、经济中心的南移而失去昔日的辉煌。

三、财富中心变迁的特征

综观世界历史的发展可以发现，财富中心的变迁过程大致是在农业社会，农业、手工业发达的地区往往是财富的聚集地，到工业社会，工业的发达为财富的聚集提供了重要支撑，工业的发达使得社会的物质财富急剧增加，资金流动更快，人们开始追求更舒适的生活，此时服务业成为未来的发展方向、财富聚集的动力。

1. 财富中心的变迁伴随着生产力的发展

生产力的发展影响财富中心的变迁有直接和间接两方面原因：直接原因是生产力的发展表现为科学技术水平的提高，为生产的专业化提供了条件，如我国古代的丝织业技术、陶瓷业技术领先于世界，为中国创造了巨额财富，西方在工业革命之后，工业技术领先于世界，财富开始向欧洲聚集。间接原因是生产力的发展扩大了人们的活动范围，如牛耕技术和铁具的使用扩大了农业的耕作范围，使人们在选择生活居住的地方时有更多的空间，航海技术的发展改变了贸易方式，间接为财富中心的转移提供了基础条件。

2. 财富中心的变迁伴随着贸易方式的改变

在大航海时代到来前，人们对大海知之甚少，大多数贸易都是通过陆上交通来完成的，因此某个区域内的中心便是交通枢纽，往往也是财富聚集地，如洛阳、长安（今西安），且贸易所经过的国家或城市往往也会因贸易而繁荣，如西域地区，中亚的阿富汗、伊朗等。但是随着贸易方式的改变，这些因贸易而兴盛的地区也会改变。在大航海时代，海运以其较低的成本优势逐渐取代陆路运输，这一时期邻海的城市则成为交通的枢纽，如广州、亚历山大港等，开始成为新的财富聚集地，表现为财富中心由内陆向沿海变迁。

3. 财富中心的变迁表现为从依附于政治中心逐渐向商业中心过渡

在古代社会，政治中心往往也是经济、文化中心，不论是古时东方的长安（今西安）、洛阳，还是地中海沿岸的君士坦丁堡、古巴比伦城，都是当时繁华的城市。然而随着社会分工的精细化，商业逐渐脱离对政治的依附，开始形成单纯以贸易为目的的商业中心，主要决定因素转变为交通便利性、产业发达程度等。例如，上海位于入海口，郑州、芝加哥则是多条铁路的交会处，这些地方都因其交通的便利性而成为货物的集散地，进而形成集工业、金融、商业、服务为一体的多功能城市。

第三节 "一带一路"对财富中心的影响

一、当前世界格局中财富中心简介

"二战"之后，世界经济、政治、文化中心的格局发生了巨大变化，往日因丝绸之路而繁盛的中东地区因贸易的减少而衰退，因石油资源的争夺而陷入战争，而欧洲自海上贸易畅通，工业革命的爆发，逐渐走向繁荣，美国也受惠于工业革命及远离"二战"战场等因素成为世界上最发达的国家。在经历工业时代之后，这些发达国家和地区的发展方向开始向第三产业——服务业转变，此时财富积聚程度高的地区往往也是服务业，特别是金融业发达的地区，如纽约、巴黎、伦敦、东京、香港、上海等。中国在改革开放之后，经济得到了迅速发展，已成为新兴市场国家中的代表，目前正调整经济结构扩大第三产业的发展。中国、美国、欧洲各发达国家和地区目前已成为新的世界财富聚集地。

二、"一带一路"倡议的实施将促成下一轮财富中心的转移

当今世界正在发生复杂深刻的变化，世界多极化、经济全球化深入发展，世界经济增速放缓，贫富差距问题、发展不均衡问题凸显。其中，发展较为落后的地区是非洲、中亚地区，中东地区虽有着丰富的资源，但是由于宗教、战争、政治等原因也比较落后。然而，这些地区则有可能为世界经济的发展提供新动力，因为这些地区存在巨大的需求潜力及相对廉价的劳动力成本。从经济发展的角度来看，基础设施落后是制约其经济发展的重要因素。这些地区要发展则必须要加大基础设施建设，必然会对世界经济产生巨大的需求，而我国提出的"一带一路"倡议旨在促进经济要素有序自由流动、资源高效配置和市场深度融合，推动沿线各国实现经济政策协调，开展更大范围、更高水平、更深层次的区域合作。这将发掘区域内市场的潜力，促进投资和消费，创造需求和就业，促进沿线各国经济的发展。在这一过程中，必将为这些国家的财富聚集提供原动力，形成新的财富中心。

三、"一带一路"对我国经济发展的影响

我国目前已成为世界第二大经济体，在改革开放之后的前30年，经济始终保持着较高的增长速度，但目前在人口红利趋于消失、资本收益率下降、人力资本上升的情况下，出现了产能过剩、经济增长率下滑等问题，同时随着工业的发展，我国对国外的石油、矿产资源的依赖度也在增加。

在此背景下，我国迫切需要寻找新的经济增长点，秉持以开放促改革、以改革促发展的原则，国家提出"一带一路"倡议，目的是希望能够通过国际合作达到互利共赢的目的。

四、我国在"一带一路"中应承担的义务

"一带一路"为全球均衡可持续发展增添了新动力，提供了新平台。中国作为"一带一路"的倡导者，应承担以下义务：

1. 加强政府间合作，消除贸易壁垒

分析海上丝绸之路与陆上丝绸之路的特点可知，陆上丝绸之路由于存在诸多政权国家对贸易商品收税，导致商品贸易的成本增加，而海上丝绸之路凭借低成本优势逐渐取代了陆上丝绸之路。因此，为减少贸易壁垒，我国应加强与沿线国家的协商，加强信息互联互通，促进经济互联共赢。

2. 避免地缘政治，加强国际合作

我国从一开始就避免地缘政治的出现，提出开放性、包容性区域合作的倡议。当今世界是一个开放的世界，只有以开放的态度加强与世界各国的合作，才能创造机遇，把握机遇，实现共赢，促进世界各国的发展。

第四节　推进"一带一路"建设，培养财富中心

一、重视科学技术的发展

丝绸之路上，中国之所以能成为贸易的出口国，是因为中国在各种产品的生产上具有领先世界的技术。丝绸方面，只有中国具有植桑、养蚕和纺织的技术；铁器方面，中国冶铁技术亦世界一流，老普林尼曾在《自然史》中赞扬赛里斯人①的铁器第一，印度铁第二，说明在汉朝时中国的冶铁技术已领先世界，到宋朝时铁锅的出现更是远销海外。正是这些技术才使得中国处于当时世界贸易的核心地位，引领贸易的发展方向。

二、加强合作沟通，减少信息壁垒

老普林尼之所以会认为丝绸是由长于树上的羊毛制成的，是因为当时的信息交流困难，在汉朝时期，即便是丝绸之路已经开通，限于地理条件和政治等因素，罗马帝国和汉帝国之间仍然很少有直接的贸易往来，两国之间商

---

① 赛里斯人是丝国人的意思，是战国至东汉时期古希腊和古罗马地理学家、历史学家对与丝绸相关的国家和民族的称呼。

品的交换多是通过中亚地区的中间商完成的辗转贸易。因此，在信息传递过程中出于商业或其他目的往往存在信息扭曲或漏损，正是这些因素导致欧洲对丝绸制作技术的掌握非常缓慢，需要耗费大量的资源在丝绸的运输上。同时由于信息不对称，中间商往往在贸易中处于买方和卖方的垄断地位，通过贱买贵卖获取巨额利润，在一定程度上阻碍了商品的流通。例如，当时阿拉伯商人和威尼斯商人以 2~3 个威尼斯金币的价格在印度买到的胡椒等香料在埃及的亚历山大港能卖到 80 个威尼斯金币，而运到威尼斯价格会达到 180~200 个威尼斯金币。

如果能够加强合作，这些成本完全能够降低或避免，如后来大航海时代的到来，西班牙、葡萄牙商人直接绕过非洲到印度、中国等国进行贸易，使得欧洲消费者购买贸易品的价格直接降为原来的 1/10，这也就很快导致了波斯商队的衰落。

三、减少贸易壁垒，促进经济发展

海上丝绸之路的运输距离大大远于陆地，但海上丝绸之路的兴起却能使贸易成本大大降低，原因是陆上丝绸之路沿途要经过多个国家，每个国家都要对商品征税，这样便提高了商品的成本，有些国家还会为保护本国经济，或与别的国家有政治冲突而提高关税，形成贸易壁垒，这些因素都阻碍了商品的流通。当今世界也是一样，贸易战经常在国与国之间进行，最终使双方都受到损失，因此我国在 2013 年提出"一带一路"倡议，目的就是要加强与沿线国家的合作，减少贸易壁垒。

四、发挥好政府和市场的作用

从经济的发展来看，古代封建社会就存在着官营和民营两种商业组织形式，且通常官营范围增大时会打消手工业发展的积极性，商业规模会缩减；反之则会有利于商业的繁荣。这种关系表现为政府与市场的关系，主要是在经济运行中政府应该扮演什么样的角色？当前我国处于社会主义市场经济的背景下，政府更应该确立好服务、规范、监督市场的职能，而不是参与市场，应让市场在资源配置中起到决定性作用。

"一带一路"倡议的提出是我国主动应对全球形势深刻变化、统筹国内国际两个市场做出的重大决策，随着"一带一路"倡议的逐步推进，我国与沿线国家的贸易合作已展现出新的生机。同时，国内大量企业加快了在"一带一路"沿线国家发展的步伐，境内外资本双向流动明显提速，为中国财富管理机构的发展带来了全新的机遇。

第三章 "一带一路"财富管理机构

　　"一带一路"倡议的提出是我国主动应对全球形势深刻变化、统筹国内国际两个市场做出的重大战略决策，随着"一带一路"倡议的逐步推进，我国与沿线国家的经济合作已经迈上新的台阶。同时，大量中资企业加快了在"一带一路"沿线国家发展的步伐，在境外上市、发债、投资并购和境内外资源整合等方面的需求日益增加，境内外资本双向流动明显提速，为中国财富管理机构的发展带来了全新的机遇。如何将财富管理与"一带一路"倡议相结合，加快对外布局，实现资产的全球化配置，从而有效服务于"一带一路"，是摆在中国财富管理机构面前迫切需要解决的问题。基于此，本书详细分析了"一带一路"建设给财富管理机构带来的机遇与挑战，并从财富管理平台、财富管理渠道、财富管理产品和服务、财富管理生态等方面提出了财富管理机构服务于"一带一路"建设的相关对策。

第一节　财富管理机构概述

　　财富管理机构是为客户提供财富保值增值服务的专业金融机构。财富管理机构作为财富管理市场的经营主体，从客户利益出发，站在客观真实的视角，为客户提供海内外各类型金融投资产品的专业选择、资产配置及投资组合管理服务，在推动财富管理市场发展中发挥重要作用。

一、财富管理机构分类

财富管理机构按照其业务范围可分为：综合性财富管理机构、专业性财富管理机构、其他财富管理服务机构等。

其中，综合性财富管理机构包括：商业银行、保险公司、证券公司、信托公司、基金管理公司等。专业性财富管理机构包括：私人银行、家族办公室、第三方财富管理机构等。其他财富管理服务机构包括：会计师事务所、律师事务所等（见图 3 - 1）。

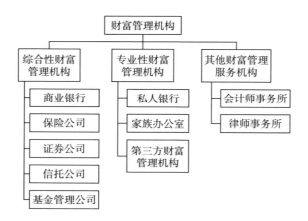

图 3 - 1　财富管理机构分类

二、财富管理机构服务演进

纵观欧美成熟财富管理市场，早期的财富管理机构也是从销售产品起步，随后过渡到 2.0 资产组合配置阶段，而今已经步入 3.0 全权委托阶段。目前，中国财富管理机构的业务发展正处于由 1.0 向 2.0 过渡的核心时期。在这一时期，引入多样化的产品和服务，满足客户全方位的财富管理需求，平稳步入资产组合配置的 2.0 阶段，或将成为中国财富管理服务的演进路径（见表 3 - 1）。

三、财富管理机构主要业务

中国财富管理市场主要包括保险资管、私人银行、零售银行、公募基金、券商资管、信托、私募基金和第三方财富管理八大细分领域。从资产规模来看，零售银行（包括存款和银行理财）占据最大份额；具体业务开展方面，各类财富管理机构各具优势，私人银行的投资顾问服务水平和产品定制化程度最高，保险公司和零售银行服务的客户范围最为广泛，保险公司的产品销售推广渠道更为多样。

表 3 - 1　财富管理机构服务演进

	1.0 产品导向	2.0 资产配置	3.0 全权委托
投顾服务	相对简单业务咨询和产品销售	提供大类资产和产品组合配置方案	深入了解客户多样化的财富管理需求，制定围绕客户全生命周期的财富管理方案
客户变化	关注单个产品的投资收益情况	了解产品组合的风险和收益情况，开始关注投资顾问的挑选	专注于财富管理机构和投资顾问的选择，可提出全方位的财富管理需求
收费模式	收取销售佣金	以收取资产配置咨询服务费为主	以收取资产管理费为主的多元化收费模式

1. 商业银行的财富管理业务

商业银行是居民日常理财的主要渠道，也是最具有安全感和公信力的财富管理机构。由于银行主要从事与居民、企事业单位生活与工作联系密切的存、贷款业务，以及汇兑、结算等业务，因此在资金融通和理财选择上具有先天的便利。商业银行目前均将理财业务作为零售业务的核心和发展方向。

中国工商银行、中国农业银行、中国银行、中国建设银行、交通银行五大国有商业银行和以招商银行、中信银行、浦发银行、兴业银行、民生银行等全国股份制商业银行构成银行系统理财机构的龙头和主体，其中，中国工商银行、招商银行、中国建设银行、兴业银行等在理财产品体系研发、客户群体建设、营销体系组建等方面均处于领先地位。

2. 保险公司财富管理业务

随着保险业的发展和人们保险意识的增强，保险公司的保险产品不断更新，财富管理业务也得到飞速发展。保险公司具有财富管理的先天优势，因为保险产品本身就是富裕客户必备的财富管理产品之一。保险公司财富管理模式有以下几种：

（1）委托银行、财富管理公司代卖产品模式。

金融行业的很多高端客户的财富管理底层产品都是保险，因此，银行、财富管理公司都会给自己的客户寻找、推荐好的保险产品作为财富规划计划的一部分。保险公司也会派驻业务人员去银行等机构，为银行客户提供保险咨询、规划服务，同时保险公司也会为自己的客户筛选、推荐不同的银行理财产品以及银行其他财富管理产品。

（2）财富管理中心运营模式。

2013 年 6 月，第一家保险公司创立的财富管理中心——泰康人寿财富管理中心在深圳成立。该机构实行会员制，为会员搭配包括养老社区在内的高端保险产品。

（3）金融混业经营模式。

2006 年以来，随着金融业综合经营试点的推行，银行投资保险业的模式得以发展。中银保险、建信人寿保险、平安人寿保险等公司就是金融混业经营模式。这种模式通过银行投资，也通过银行代理，为高端客户搭配更加合理的金融产品提供服务。

（4）保险资产管理公司经营模式。

保险资产管理公司是受保险公司的委托为其专门管理保险资金的金融机构，其经营目标是实现保险基金的保值和增值。保险资产管理公司的发起人一般是保险公司或保险公司的控股股东，保险资产管理公司管理的资金包括股东的保险资金、股东控制的保险公司的资金以及其自有资金。保险资金投资范围仅限于银行存款、买卖政府债券、金融债券和国务院规定的其他形式。保险资产管理公司不得承诺保本保收益，也不得利用受托保险资金为委托人以外的第三人谋取利益，更不允许操纵不同来源资金进行交易。

3. 证券公司的财富管理业务

证券公司拥有大量较为成熟的市场投资者，除接受客户委托开展证券经纪业务外，证券公司也在不断探索尝试新的财富管理模式。

2010 年，广发证券建立了国内首家财富管理中心，为可投资产在 1000 万人民币以上的高净值客户提供财富管理服务。随后，国泰君安、申银万国、中金、银河、华林、国金等大小券商也先后开拓财富管理业务。

目前，我国证券公司财富管理模式主要有以下三种：

（1）管家服务模式。

这种模式主要以广发证券和华泰证券为代表，建立专门的财富管理中心，主要服务金融资产超过 1000 万元人民币的高净值客户。广发证券较早涉足互联网金融领域，既有与百度等第三方公司的合作引流，也有自主开发的服务平台。广发证券拥有行业规模最大的投顾团队，可以为客户提供定制化的理财规划，同时，数千名专业服务人员还可以通过公司官网、易淘金、微信公众号等多个渠道为客户提供线上咨询服务。

华泰证券也建立财富管理部门，并建立多层次的客户分析评价系统，借助互联网金融，利用"涨乐财富通"，采取线上线下协同发展的策略，积极打造差异化的客户服务体系，满足客户多元化理财服务需求。正因如此，华泰证券在激烈的市场竞争中仍然能够不断拓展客户，用户覆盖率一直在行业中处于领先地位。

（2）独立财富管理模式。

这种模式主要以国海证券为代表，将财富管理中心设置成独立的第三方财富管理机构，在对社会上的各类第三方理财产品做出等级评定之后，提供给有不同需要的客户。

（3）投资银行服务模式。

这种模式主要以中信证券、招商证券为代表，相当于国际投行的私人银行服务模式，以营业部大户一级市场投资需求为核心，为客户提供全方位全覆盖的理财产品服务。

4. 私人银行业务

私人银行业务是一种面向富人及其家庭的系统理财业务，它为高端客户提供专业化的一揽子资产管理、投资信托、保险规划、税收筹划以及遗产安排、收藏、拍卖、咨询等业务。概括起来，私人银行业务主要包括以下几个方面：

（1）基本的银行业务。

私人银行业务体系中，开展基本银行业务有利于提升客户对银行基础服务的满意度，维护好银行与客户的关系。基本银行业务包括柜台服务、现金服务、转账服务、结售汇服务、信用卡服务等。

（2）资产管理业务。

资产管理业务在私人银行业务中处于核心地位。私人银行通过合理配置资产，以达到财富的保值升值。比如国内的私人银行资产管理业务产品包括货币市场产品、固定收益类产品、权益类股票基金、保险产品以及另类投资产品。

（3）财富规划与传承。

财富规划与传承是指帮助高净值人群有效地传承财富，以求在传承过程中做到财富的无缝对接、合理节税及完成客户的某些特定目标。其主要工具有：遗嘱、离岸公司的注册、人寿保险、信托等。通过合理的财富管理规划，可以有效地利用各种财富管理与传承工具为客户做好财产的代际传承。

（4）家庭增值服务。

国内私人银行的家庭增值服务主要有境内、外机场贵宾厅服务、医疗健康服务、子女海外教育服务、投资移民服务、艺术品鉴赏服务以及高尔夫赛事等。国外的私人银行在增值服务方面主要有全球奢侈品代购、高端社交晚宴、私人旅游助理、全球体育赛事预订等。

5. 家族办公室的主要业务

家族办公室的主要业务分为家族财富管理与传承、风险管理、家族事务管理和家族企业治理四个方面。

（1）家族财富管理与传承。

对于一个富有家族来说，实现资产的保值与增值并有效传承是首先要考虑的问题。家族办公室可以提供家族信托计划、资产配置计划等方面的服务，为家族财富管理和传承保驾护航。

（2）风险管理。

家族资产的管理过程中，面对纷繁复杂的国内外环境的变化，如果忽略了事先统筹，直接的后果就是资产的快速流失。家族办公室可以通过提供投资风险管理、法律及税收筹划及家族保险等方面的服务，降低资产管理过程中各种风险发生的概率。

（3）家族事务管理。

家族办公室提供的家族事务管理包括遗产及继承规划、家族成员教育规划、家族慈善规划、家族成员生活质量管理、家族宪法和家族精神及移民规划等方面。

（4）家族企业治理。

每个家族都有其致富的本业，本业可能是贸易、不动产开发或是投资而来，未来将会遇到所有权和经营权是否分离的问题、是通过专业经理人或是由家族成员来管理，以及家族股权如何分配的问题。这些问题都需要专业化机构来提出解决方案。

第二节　国内外著名的财富管理机构

16世纪，第一代私人银行家自瑞士日内瓦兴起，19世纪中后期，随着工业革命的蓬勃发展，美国开始崛起，成为世界工业大国，大量的财富被创造出来，由此也产生了数量众多的富豪和富豪家族。以花旗银行、J.P.摩根银行为代表的私人银行开始向这些富豪提供各项财富管理服务。1882年，约翰·洛克菲勒成立了史上首个家族办公室，通过家族办公室对家族事务和传承进行管理的模式由此兴起。20世纪60年代起，亚洲"四小龙"和"四小虎"的崛起，使亚太地区的私人财富急剧膨胀。欧美私人银行巨头陆续进入亚太私人银行市场开辟业务。进入21世纪以来，随着全球私人财富的快速增长，为财富管理机构发展壮大提供了动力，涌现出了一大批知名的财富管理机构。

一、国内著名的财富管理机构

在中国财富管理市场，商业银行无疑是中国财富管理市场上的主力，其所管理的资产规模遥遥领先于其他金融子行业。通常而言，商业银行进行财富管理的专门机构是零售部，后又在此基础上设立了私人银行部，将银行最高端的高净值客户集中起来，交由私人银行部进行对接，从而加强客户服务的专业化和针对性。相对于商业银行，第三方财富管理机构规模较小，但发展势头良好。在"一带一路"建设中，商业银行作为重要的参与者和实践者，在促进资金融通、优化资源配置等方面发挥着重要作用。

1. 中国工商银行

作为国内最大的商业银行，中国工商银行（以下简称工商银行）在支持"一带一路"建设方面一直走在前列。截至2019年第一季度末，工商银行境外网络已覆盖全球47个国家和地区，境外分支机构426家，并通过参股标准银行间接覆盖非洲20个国家；与145个国家和地区的1498家境外银行建立了代理行关系。其中，在"一带一路"沿线国家，工商银行在 21 个国家和地区拥有 131 家分支机构。

财富管理是工商银行为满足客户的金融需求，在量身定制的基础上，为其提供全面的银行、保险和投资理财产品与服务，协助客户实现资产保值增值的业务。工商银行财富管理的服务内容十分丰富，总体上来说有四大系列十类服务。

（1）"财"系列。

工商银行运用先进的科技平台和强大的智力支持，精心打造个人专属的财富规划和资产管理方案，并开创性地提供全新账户管理方式，帮助客户实现财富目标。具体业务包括：个人风险测评、家庭资产诊断、财富规划与资产配置、专属理财产品、资产管理计划、账户集中管理、综合对账服务等。

（2）"智"系列。

为工商银行的尊贵客户，配备专属的理财师和专家顾问团。工商银行财富管理专家团队时刻紧跟全球市场动向，为客户提供种类齐全的市场资讯和高水准的研究报告，帮助客户随时掌握最新的市场动态和深入的市场分析。

（3）"尊"系列。

为客户提供贵宾通道、专享费率和专属介质，为客户精心准备多项专属、优先、优惠服务，力求让客户享受胜人一筹的贵宾体验。

（4）"享"系列。

在互通有无的当今世界，依托工商银行集团优势，联动工商银行境内外分支机构，为客户提供跨境金融服务，全面满足客户商务、投资、移民、留学、探亲、旅游等个性化需求。代理开户见证、留学金融、投资移民等服务。

2. 中国银行

中国银行积极服务国家战略，持续完善在"一带一路"沿线国家的机构布局。截至 2019 年 3 月底，中国银行海外机构已覆盖全球 57 个国家和地区，包括 24 个"一带一路"沿线国家，是"一带一路"沿线国家和全球机构布局最广的中资银行。

此外，中国银行以中国银行（香港）有限公司为平台整合在东盟地区的机构，推进中国银行（香港）有限公司从城市银行向区域银行发展。整合后的中银香港和东盟地区机构将形成合力，提高服务能力，更好地助力东南亚地区的"一带一路"建设。

"中银财富管理"是中国银行全力打造的以客户为中心、以客户需求为导向、以客户价值创造和维护为宗旨,提供全球化专业财富管理的服务品牌。"中银财富管理"能够为客户提供全面的投资服务,包括投资组合管理、投资经纪、海外投资咨询及授信融资等专业服务,通过专业化的客户金融资产管理方式,为客户资产的保值升值保驾护航。

(1)财富账户管理。

"中银财富管理"为每一个客户准备了一个专属的"财富账户",通过这个专属的"财富账户"能享受中国银行提供的便利快捷的一站式服务。

(2)财富顾问服务。

财富顾问是联系银行与客户的重要纽带,中国银行为每个客户都配备了专门的财富顾问。财富顾问的主要职责是根据客户理财需求,整合相关行业及金融专业资讯为客户提供差异化、有价值的专业分析,并为客户量身定制个人及家庭的人生财富规划、投资组合方案。

(3)多元化投资理财服务。

除中国银行外,中银集团旗下还有中银证券、中银保险、中银基金等金融机构。中银集团业务经营范围广泛,国际市场运作经验非常丰富,可以为客户提供包括基金、股票、保险、债券在内的不同系列、不同领域的多元化产品组合和专业化的财富管理服务。

(4)财富通服务。

财富通服务是中国银行利用其海外银行服务经验,为客户进行海外资产配置提供服务的。中国银行利用香港世界金融中心的地位,借助中银香港、中银国际丰富的海外银行服务经验、发达的证券投资网络和专业的理财顾问队伍,为客户提供海外资产的配置和管理,使客户轻松实现资产的全球配置。

(5)白金卡增值服务。

中银财富管理的客户都可以申请白金信用卡,拥有白金信用卡客户除了享受专职秘书,一对一体贴周到的专线服务外,还可专享诸如国内外机场贵宾厅服务、24小时免费道路救援服务、航空意外险等增值业务,使客户在中国银行体验到了贵宾般的待遇。

(6)便利融资服务。

中银财富管理的客户在中国银行申请各类贷款时,可享受在贷款成数、年限和额度等方面的最优贷款条件，并通过专属的贷款快速审批通道享受快捷便利的融资服务。

3. 招商银行

"一带一路"倡议实施以来，招商银行顺势而为，紧紧围绕国家战略布局，凭借自身在平台、产品、渠道等方面的独特优势，积极探索为"一带一路"企业提供全方位、一站式综合解决金融方案。

在服务"一带一路"客户方面，招商银行的综合优势主要体现为以下三个方面：

一是综合的产品体系，除基本的跨境融资外，招商银行在全球资金管理、应收账款买断、跨境供应链、跨境投行、小币种交易、避险、汇兑，内外贸信用传输，跨境人民币等方面均具有独特且领先的优势，这使招商银行能够全面满足"一带一路"客群的各类金融需求。

二是综合的融资方式选择，除由境内分行为"一带一路"客户和项目直接提供融资外，招商银行分布在纽约、伦敦、卢森堡、中国香港、新加坡等全球金融中心的海外分行通过成熟高效的境内外联动机制共同为中国企业"走出去"提供结构化融资支持，同时全资子行永隆银行提供境外发债、上市服务，全资子公司招银国际提供国际投行服务，全资子公司招银租赁提供跨境租赁融资服务，从而给予企业更多的融资方案选择，最大限度为企业降低融资成本，优化财务结构。

三是综合的服务网络，除了招商银行自身在全球的分支机构外，招商银行秉承与其他相关机构"优势互补，合作发展"的思路，积极搭建渠道平台，为中国企业"走出去"提供全面的服务网络。

4. 诺亚财富

诺亚是中国财富管理行业的优秀参与者。从 2003 年开始，诺亚引进私人银行的概念，以客户导向，建立了一个聚焦客户需求的独立财富管理公司。到 2019 年第四季度，诺亚已经为客户配置达 6867 亿的资产。2003 ~ 2019 年，诺亚不仅建立了一个中国优质的投资平台，同时也建立了一个完整的服务平台，服务已超越投资，包括投资、保险、教育、家族服务、汽车租赁、海外配置等。其财富管理业务主要包括以下内容：

（1）高端财富管理。

高端财富管理是诺亚财富的核心业务之一，以诺亚正行基金销售有限公司为主体展开。诺亚正行是经中国证监会核准，取得基金销售牌照及营业执照的独立基金销售投资顾问公司。其以独立、公平、客观的筛选标准，与众多基金公司合作，管理销售超过 2000 只公募基金产品及 100 多只私募精选基金，为国内中高净值客户推荐"公募基金中的精品"与"量身定制的专户理财产品"，协助客户进行资产配置。

（2）家族财富管理。

诺亚家族财富管理中心是诺亚财富集团旗下致力于服务超高净值家族客户的精英团队，以全权委托投资服务为重点，整合集团资源，为客户提供全方位的家族财富管理，包括资产配置、顾问咨询及增值服务，从而达到金融资本的延续，同时亦能使家族人力与智力资本的荣耀传承。

（3）以诺高端教育。

教育与心灵成长是集团围绕高净值客户需求而延展的业务模块，专门成立以诺教育，为高净值客户量身定制高端课程，满足其财富管理需求之外的精神追求。以诺教育专注于为成功企业家和高净值人群筛选全球高端教育资源的学习平台。通过商业管理、金融投资及人文素养三位一体系列课程，践行诺亚财富集团倡导的"客户关怀、勇于创新、心灵成长"的价值观，致力于成为高端人群持续学习的优质教育品牌。

（4）公益慈善。

上海诺亚公益基金会是由诺亚财富集团发起的一家地方性非公募基金会，2014 年 2 月 21 日，上海诺亚公益基金会在上海市民政局正式注册成立，注册资金 400 万元。基金会的宗旨是"怀感恩之心；行善念之举；引富而有爱的人生；立企业社会责任"。主要关注领域：心灵成长、环境保护、素质教育和弱势帮扶。

二、国际著名财富管理机构

19 世纪中后期，随着工业革命的蓬勃发展，美国、欧洲经济发展迅速，给国民带来了巨大财富，大量富豪和富裕阶层不断涌现，由此出现了专门服务于富豪和富裕阶层的财富管理机构。

1. 瑞银集团

瑞银集团于 1998 年由瑞士联合银行及瑞士银行集团合并而成。瑞银集团拥有瑞银华宝、瑞银机构资产管理与瑞银瑞士私人银行三家分支机构。瑞银集团的业务分为财富管理、投资银行及证券和资产管理三大类。

（1）财富管理。

瑞银集团拥有 140 多年的历史，在财富管理方面积累了丰富的管理经验，成为全球著名的财富管理机构。瑞银集团业务遍布全球，在美国，瑞银是最大的私人银行之一。

瑞银财富管理业务涵盖从资产管理到遗产规划、企业融资顾问和艺术品投资服务等多种业务形式，能够为高端客户提供个性化、定制化的财富管理解决方案。

（2）投资银行及证券。

瑞银集团开展投资银行业务始终贯彻以客户为中心的理念，为客户提供创新性产品、高质量的投资咨询和进入全球资本市场的渠道。瑞银集团无论在投资银行及证券方面，还是在固定收益投资和外汇业务方面都长期处于业界的领先地位。尤其在股票、股票挂钩和股票衍生产品方面（包括一手和二手市场）稳居领导地位，在各主要的业界排行榜上长期高居前列位置。

（3）资产管理。

瑞银作为世界首屈一指的资产管理机构，通过布局全球的网络机构为世界各地的金融中介机构及机构投资者提供多种传统及另类投资管理方案。

2. 摩根士丹利

摩根士丹利成立于 1935 年，总部位于纽约。摩根士丹利是一家全球性金融服务公司，通过其下属公司和分支机构向包括企业、政府、金融机构和个人在内的客户提供产品和服务。摩根士丹利的业务包括：机构证券、全球财富管理和资产管理三大类。摩根士丹利通过其位于纽约及周边的总部、全美国的分支机构以及伦敦、东京、中国香港和其他世界金融中心的中枢开展业务。

（1）机构证券业务。

摩根士丹利的机构证券业务包括资本筹集、金融咨询服务（包括并购、重组、房地产和项目金融的咨询）、企业借贷，以及权益类和固定收益类证券及相关产品（包括外汇和商品）的销售、交易、融资和做市业务，还包括指数和风险管理分析、研究和投资活动等。

（2）全球财富管理业务。

全球财富管理集团提供关于各种投资方式的经纪和投资咨询服务、金融和财富规划服务、年金和其他保险服务、信用贷款和其他借贷产品、现金管理服务、退休服务，以及信托服务。

（3）资产管理业务。

资产管理部门通过零售分销渠道、中介和摩根士丹利的机构分销渠道，向机构和个人客户提供权益类、固定收益类证券和其他投资（包括对冲基金和复合基金）的全球资产管理产品和服务，还提供包括房地产、私募股权和基础设施在内的商业银行服务。

3. 花旗银行

花旗集团是全球公认的最成功的金融服务集团之一，采用的是全能银行制度，能够为客户提供包括个人储蓄、信贷、证券、保险、信托、基金、财务咨询和资产管理等多样化、一站式的金融服务。花旗银行是花旗集团属下的一家零售银行，其前身是 1812 年 6 月 16 日成立的纽约城市银行。花旗银行是 1955 年由纽约花旗银行与纽约第一国民银行合并而成的，合并后改名为纽约第一花旗银行，1962 年改为第一花旗银行，1976 年 3 月 1 日改为花旗银行。经过近两个世纪的发展和并购，已经成为美国最大的银行之一，其分支机构遍布全球近 150 个国家及地区。

花旗银行的财富管理业务包括 Citigold 及 Citigold 私人客户两种定制化的产品。这两种产品在亚洲很受欢迎，为花旗银行打开亚洲市场发挥了重要作用。2015 年，花旗银行将亚洲成功的模式复制到美国和哥伦比亚，并首次在这两个国家设立 Citigold 客户中心。而 Citi Priority 则为新兴的富裕阶层定制的财富管理产品，2014 年在拉丁美洲及欧洲、中东和非洲地区试点成功后，2015 年正式进入中国香港。

花旗银行的财富管理对象分为一般财富管理客户与私人银行客户两大类，对于不同类型的客户提供不同类型的财富管理服务。

4. 高盛集团

高盛集团成立于 1869 年，是全世界历史最悠久及规模最大的投资银行之一，总部设在纽约，并在东京、伦敦和香港设有分部，在 23 个国家拥有 41 个办事处。高盛的业务主要投资银行、证券交易和财富管理三部分。高盛集团服务的客户不仅有个人、企业和政府，还有各种各样的金融机构。

（1）投资银行。

为各种各样的企业、金融机构、政府和个人提供广泛的投资银行服务。

（2）证券交易。

一方面协助客户（包括企业、金融机构、政府和个人）进行交易，另一方面通过做市、交易和投资固定收益和股票产品、外汇、大宗商品及衍生产品，用自营资金进行交易。此外，高盛还参与股票及期权交易所的特许交易商及做市活动，并在全球主要的股票、期权和期货交易所为客户交易进行结算。对于商业银行及其他投资活动，高盛既进行直接投资，也通过公司募集和管理的基金进行投资。

（3）财富管理。

向全球各类机构和个人提供投资顾问及理财规划服务，并提供所有主要资产类别的投资产品（主要通过分开管理的账户和符合工具，如互惠基金和私人投资基金）。高盛还向全球的共同基金、养老基金、对冲基金、基金会和高净值个人提供大宗经纪服务、融资及融券服务。

5. 亚洲基础设施投资银行

亚洲基础设施投资银行（简称亚投行，Asian Infrastructure Investment Bank，AIIB）是一个政府间性质的亚洲区域多边开发机构。重点支持基础设施建设，成立宗旨是为了促进亚洲区域的建设互联互通化和经济一体化的进程，并且加强中国及其他亚洲国家和地区的合作，是首个由中国倡议设立的多边金融机构，总部设在北京，法定资本 1000 亿美元。

2014 年 10 月 24 日，在中国的倡议下，包括中国、印度、新加坡等国在内 21 个首批意向创始成员国的财政长官和授权代表在北京签约，共同决定成立亚投行。2015 年 12 月 25 日，亚洲基础设施投资银行正式成立。2016 年 1 月 16 ~ 18 日，亚投行开业仪式暨理事会和董事会成立大会在北京举行。

亚投行建立以来，按照多边开发银行模式和原则运作，坚持国际性、规范性、高标准，实现良好开局。从最初 57 个创始成员携手起航，发展到 2020 年的来自亚洲、欧洲、非洲、北美洲、南美洲、大洋洲六大洲的 103 个成员齐聚一堂，亚投行的不断发展壮大，已经为成员提供了近 200 亿美元的基础设施投资。亚投行"朋友圈"越来越大、好伙伴越来越多、合作质量越来越高，在国际上展示了专业、高效、廉洁的新型多边开发银行的崭新形象。

第三节 "一带一路"对财富管理机构的影响

"一带一路"地区覆盖的总人口大约是44亿人,基本上占世界人口的2/3,GDP总量达到20万亿美元。同时,"一带一路"沿线国家基础设施建设需要大量的资金支持,仅依靠沿线国家的力量是难以支持的,需要金融机构等外部力量的参与共建。中国企业"走出去"参与"一带一路"所在国家的项目投资和建设,也离不开金融机构的支持。因此,财富管理机构在"一带一路"倡议空间中将大有可为。

一、"一带一路"建设中财富管理机构面临机遇

近年来,我国财富管理机构不断发展壮大,但相对于欧美等发达国家的财富管理机构来说,我国财富管理机构整体仍处于相对初级的发展阶段。伴随资本市场环境的不断变化及"一带一路"倡议的逐步推进,我国财富管理机构迎来了良好的发展机遇。

1. "一带一路"建设提供了稳定发展的外部环境

习近平总书记指出:当今世界正处在大发展大变革之中。新一轮科技和产业革命正在孕育,新的增长动能不断积聚,各国利益深度融合,和平、发展、合作、共赢成为时代潮流。与此同时,全球发展中的深层次矛盾长期累积,未能得到有效解决。全球经济增长基础不够牢固,贸易和投资低迷,经济全球化受到波折,发展不平衡加剧。战乱和冲突、恐怖主义、难民和移民流动等问题对世界经济的影响突出。习近平总书记进一步指出:"一带一路"倡议提出,就是要在全球更大范围内整合经济要素和发展资源,形成合力,促进世界和平安宁和共同发展。因此,"一带一路"正在为全球经济增长提供新的动力,塑造更加和谐稳定的区域环境。这为财富管理机构的持续、稳健发展提供了良好的外部环境。

2. "一带一路"建设提供了更广阔的市场空间

"一带一路"倡议的核心内容是促进基础设施建设互联互通,对接各国政策和发展战略,深化务实合作,促进协调联动发展,实现共同繁荣。"一带一路"

领域的大量基础设施建设、国际产能合作等，均会衍生出大量的金融服务需求。

（1）"一带一路"沿线国家基础设施建设共性。

一是基础设施建设潜力巨大。"一带一路"沿线国家包括了东亚、南亚、东南亚、中亚、西亚、中东欧、独联体等在内的 65 个国家和地区。这些国家和地区的基础设施除新加坡相对完善外，其他国家和地区基础设施比较落后，具有很大的建设潜力和空间。

二是基础设施建设资金需求量大。基础设施属于公共产品，也是资本密集型产业，在建设初期需要巨额的投资，且投资期限长。而沿线国家大多数属于发展中国家，财政实力弱，国内储蓄和资本积累严重不足，需要从外部获得资金支持。

（2）"一带一路"国际产能合作。

国际产能合作的主体是企业，合作内容包括基础设施建设、生产线建立、设备工具提供等，具体合作形式包括直接投资、工程承包、技术合作、装备出口等。近年来，我国与"一带一路"沿线一些国家进行了国际产能合作，优化了我国企业生产能力布局，也提高了合作国家的产业发展水平。企业参与产能合作，开展对外投资，资金是首要问题。这就为财富管理机构提供了广阔的市场空间。

（3）"一带一路"建设中的金融需求。

"一带一路"建设中的金融需求体现在：一是投资银行、金融租赁、国际结算、债券承销、大宗商品交易、全球现金管理、财富管理、外汇兑换等各种金融服务需求。二是"一带一路"建设中跨境人民币使用、贸易融资需求旺盛。中国经济的稳定发展和人民币的坚挺，使得人民币日益成为跨境贸易结算货币。随着"一带一路"建设的推进，中国与沿线国家贸易量增长迅速，催生了贸易融资的需求。三是"一带一路"项目保险服务需求增长迅速。中国企业走出去面临地缘冲突、资产贬值、汇兑限制等不确定性因素，亟须政策性、商业性保险来维护投资安全。这些业务的开展能够大大提升财富管理机构的盈利能力，促进财富管理机构发展。

（4）"一带一路"沿线国家财富管理市场前景广阔。

"一带一路"的辐射范围涵盖东亚、南亚、中亚、西亚、北非和南欧，总人口达44亿人，经济总量占全球的1/3。随着"一带一路"倡议的逐步实施，沿线国家的基础设施必将得到很大改善，大大促进沿线国家的工业化进程和对外贸易的发展，从而促进沿线国家居民财富的快速增长，这是一个潜力巨大的财富管理市场。

3. 提升财富管理机构的竞争力

财富管理机构在服务"一带一路"的过程中，面临来自世界各地金融机构的竞争和复杂的外部环境，财富管理机构只有持续提升自身的国际化和专业化经营能力，不断打造开放合作和绿色金融等发展模式，并与"一带一路"的精神内核合拍共振，才能在竞争中立于不败之地。

二、"一带一路"建设中财富管理机构面临挑战

"一带一路"沿线较长，成员国中经济发展水平差异大、金融发展不平衡、主权信用等级跨度大，这些不利因素都会给财富管理机构业务开展造成阻碍，增大了财富管理机构的经营风险，需要引起重视。

1. 沿线国家经济金融发展水平差异较大

"一带一路"沿线国家中，经济金融发展水平差异比较大，既有新加坡这样的发达国家，也有老挝这样的欠发达国家。经济金融发展水平差异大，经济发展模式多元化，产业结构和经济特征各不相同，导致对于金融需求也存在较大差异。同时，绝大多数国家的金融系统由政府监管的商业银行主导，对本地金融机构的依赖程度高，金融市场不发达、金融资源配置能力较差。这些都会阻碍财富管理机构在"一带一路"沿线国家业务的拓展。

2. 沿线国家主权信用评级较低，投资风险大

"一带一路"沿线国家除新加坡外，大部分沿线国家的主权信用评级处于CCC 到 B 级之间。总体来看，"一带一路"沿线国家多为新兴经济体，经济稳定性差，部分国家地缘政治复杂、政权更替频繁，政治风险较高。有一些国家对中国政治关系友好，但经济对外依存度较低。财富管理机构在沿线国家开展业务时需要根据不同国家的国情采取具有针对性的服务策略，以降低投资风险。

3. 沿线国家金融生态环境不稳定

"一带一路"部分沿线国家系统性风险较高，金融机构资本充足率水平、资产质量、抗风险能力较低，银行信用等级差，汇率不稳定，各国金融开放存在一定限制。这些都使财富管理机构进入"一带一路"沿线国家面临高成本、低收益、币值不稳定、经营风险大等一系列不利因素。

第四节　财富管理机构服务"一带一路"的对策

金融是现代经济的命脉，也是"一带一路"倡议实施的核心所在，财富管理机构作为金融属性的一分子更应该服务好"一带一路"。目前，中国已经成为国际经济和金融舞台上不可或缺的重要力量。在"一带一路"倡议推进的过程中理应承担更多的责任，发挥更大的作用。资金融通是"一带一路"的重要支撑，从服务"一带一路"的实践来看，财富管理机构可以从以下几方面构建财富管理生态系统。

一、打造"一带一路"财富管理服务平台

数字经济的崛起，为财富管理机构拓展服务内容、淡化服务边界、丰富服务方式，同时进一步扩大服务对象规模提供了强有力的支撑。财富管理机构应该将智能科技与财富管理体系进行深度融合，全面升级财富管理服务模式及服务内容，打造"一带一路"财富管理服务平台，为客户提供高私密性、多元化、定制化、一站式的财富管理方案。具体来说，财富管理服务平台包括线上体验、一站式财富管理、信息保护和增值服务四个模块（见图3-2）。线上体验主要使客户了解财富管理机构产品表现、专家观点，同时随时与财富管理顾问保持沟通。一站式财富管理服务主要提供"一带一路"市场资讯、投资管理、现金管理和客户定制产品及服务。信息保护主要通过多账户多重认证、生物识别、数字加密技术保证客户线上交易的安全和防止信息泄露。增值服务主要针对"一带一路"沿线国家高端客户提供专业化、高品质的服务。

二、创新"一带一路"财富管理产品和服务

"一带一路"沿线国家财富管理市场各具特色，如中东一些国家财富集中在少数几个家族手中，财富主要来源于石油，中亚及亚太地区财富主要来源于中小企业，而非洲地区财富高度集中，主要分布在南非，北非相对较贫穷，欧洲财富多和土地、地产相联系，以不动产、船只和私人企业形式存在。因此，不同类型

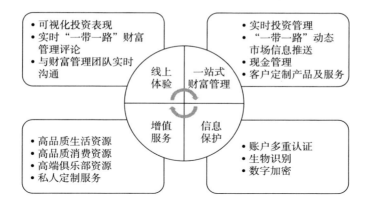

图3-2 "一带一路"财富管理平台

资料来源: 普华永道. 先行一步, 制胜蓝海: 中国家族财富管理扬帆起航〔R〕. 2020.

的财富管理机构, 需要根据自身财富管理的优势, 基于不同区域、不同类型的客户提供个性化的产品和服务。综合性财富管理机构如商业银行, 要充分利用与目标国政府、金融企业的良好关系或现有大客户资源拓展客户渠道。大型证券公司可以为跨境投资提供咨询、顾问、并购搭桥等投资银行服务, 为"走出去"企业和个人提供各类便捷、安全的本地金融服务等。专业性财富管理机构要主动"走出去", 通过各种渠道开拓"一带一路"客户资源, 利用自身在财富管理尤其是家族财富管理方面的丰富经验, 为"一带一路"高净值客户提供个性化私人定制业务。

三、"一带一路"财富管理渠道建设

"一带一路"沿线国家较多, 经济金融发展水平参差不齐, 地域范围比较广泛。财富管理机构需要在建设物理渠道、虚拟渠道的基础上, 实现渠道之间的互联互通, 充分利用5G技术, 打造线上线下融合, 实现服务闭环, 为客户打造物理渠道、虚拟渠道和数字渠道相融合的无缝体验。具体而言, 物理网点应用智能设备逐步转型为客户体验、业务交流的重要平台; 客户体验产品服务, 并转到线上深入了解、购买。虚拟渠道加强数字化建设, 无时无刻、无处不在地响应和处理客户需求; 客户需求得到满足, 并通过线下进一步体验沟通。这个过程不断动态循环运作, 并逐渐相互渗透, 最终实现全渠道全方位融合。

四、建立"一带一路"财富管理生态圈

"一带一路"财富管理生态圈的建立,包括财富管理机构内部资源的有效协同和外部资源的充分整合。内部资源的协同是指财富管理机构应建立起各业务部门之间的协同机制,明确组织架构、岗位职责分工,建立起合理的协同机制,按照运营的框架流程,共享客户、产品及渠道信息,进而实现多个业务板块服务进行有机整合。在建立统一的业务目标基础之上,充分发挥协同优势,共同服务财富管理客户的需求。外部资源的整合,要求财富管理机构之间,例如商业银行、证券公司、信托、保险公司及第三方财富管理机构等机构间的协同合作,以竞合替代竞争,加强产品与服务的资源对接。与此同时,应不断地探索与其他专业机构,例如律师事务所、会计师事务所和咨询公司等机构间的合作关系,更好地满足客户多元化的专业服务需求。通过将内外部多方资源的有效整合,打造财富管理共同的价值平台,统一设计财富管理整体的规划方案,逐步形成服务于财富管理客户的良性生态圈,最终建立起"一带一路"财富管理一站式综合服务平台。

第四章 "一带一路"财富管理产品及服务

由于全球经济快速发展,各国国民生产总值不断攀升,社会财富实现了快速积累,各国高净值人群数量激增。贝恩公司和招商银行联合发布的《2018中国私人财富报告》中显示,2018年中国个人可投资资产1000万元以上的高净值人群规模已达到100万人,全国个人总体持有的可投资资产总体规模达到112万亿元人民币。根据招商银行2021年发布的《2021中国私人财富报告》,2020年中国个人可投资资产总规模达241万亿元人民币,2018~2020年的增长率为13%;高净值人群数量达262万人,增长率为15%。由此可见,中国私人财富市场规模正在快速增长,持续释放可观的增长潜力和巨大的市场价值。在"一带一路"背景下,随着各国合作的深入,在经济、文化上的交流越来越密切,财富管理的各种产品和服务也在国际经济合作间发挥着重要作用。

第一节 财富管理的主要产品和服务

随着私人财富增长加速、监管不断完善、市场和业务主体持续多元化发展,财富管理已迈入全新的发展阶段,推动财富管理持续向好发展,产品和服务的种类也越来越多。财富管理的目标从单纯的财富增值逐渐扩大,形成了以财富积累、财富增值、财富保全和财富传承为内容的财富管理体制①。

一、财富管理的主要产品

财富管理的产品主要是指资金融通过程中的各种金融产品，它包括有价证券、黄金、外汇和金融衍生品等。其中，有价证券可以分为股权资产与债权资产。股权资产主要是指在各个交易所上市的股票、权证等品种，依据其上市条件的不同，又分为主板股票、中小板股票、创业板股票和新三板股票等。债权资产主要是指在银行间市场和沪深交易所市场上市交易的债券产品，主要包括国债、企业债（银行间市场）、公司债（交易所市场）、银行中期票据和短期融资券（银行间市场），以及中小企业私募债（交易所市场）、资产支持证券（ABS）和资产支持票据（ABN）产品等。黄金主要是指在国内外市场上投资的金条、金币和黄金账户、黄金凭证、黄金期货、黄金期权等产品。外汇是指个人所持有的以外币计价的各种资产，如外币现钞及存款、外汇理财产品、外币计价证券等。金融衍生品是指价值依赖于基本标的资产的各类合约的总称。这些标的资产可以是股票、债券等基础证券，可以是黄金、白银等贵金属，也可以是玉米、咖啡等大宗商品，甚至可以是不以实物形态存在的股票指数等。

当传统财富管理市场已完成了基本的理财需要后，高净值人群自然地将财富管理的目光放到那些不仅能够实现财富的增值，也能够实现生命价值的领域。于是，旅游、健康、教育及艺术品等相关产品渐渐地走入人们的视野，满足了人们更高层次的财富管理与财富增值的需求。

从数据来看，中国居民可投资资产规模近年来保持增长势头，富裕人士群体量和资产规模的不断攀升，正在催生出强烈的财富管理需求。在 2019 年中国居民可投资资产构成中，现金与存款、银行定期存款各占 29%，定期产品占 16%，由此可见，预期收益产品成为中国居民资产配置的首要选择。其他资产中，股票占 11%，货币市场基金占 3%，其他公募基金占 2%，这种资产分布在一定程度上反映出了客户风险偏好低、投资经验不足以及综合金融机构与第三方财富管理公司的资产组合配置策略在中国市场发展尚不成熟的特点（见图 4–1）。

---

① 孟凤翔. 2019 全球财富管理报告［R］. 亿欧智库，2019.

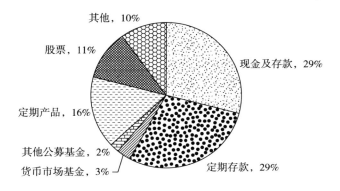

图4-1 2019年中国居民可投资资产构成

资料来源：艾瑞咨询.2020年中国财富管理行业白皮书［R］.2021.

从全球范围来看，根据凯捷管理顾问公司（Capgemini）发布的2019年全球财富报告，高净值人士主要将资产投资于现金和现金等价物（27.9%）、权益类产品（25.7%），固定收益产品和可投资房地产则分别占17.6%和15.8%，剩余的13%则投向了可选择投资品，包括结构性产品、对冲基金、衍生工具、外汇、商品和私募权益产品（见图4-2）。

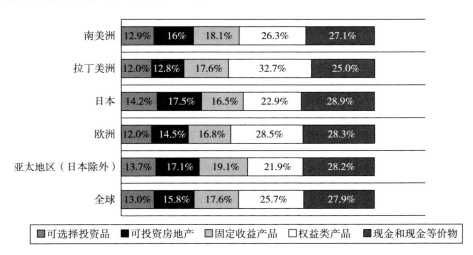

图4-2 2019年第一季度高净值人士（HNWI）资产配置分析（国家及地区）

注：高净值人士（Global high-net-worth-individual，HNWI），指除去生活必需房产、收藏品、易耗消费品和耐用品消费品以外，拥有可投资资产在100万美元以上的个人。

资料来源：凯捷管理顾问公司.2019年全球财富报告［R］.2019.

从长期来看，由于经济状况的改变，使高净值人士的资产配置也发生了变化。由于国际市场低迷和富裕人士的财富缩水，高净值客户转变了以往的资产配置。现金和现金等价物取代股票成为最重要的资产类别，因为高净值人士在预期市场将持续低迷和未来可能的股票投资组合价值损失的情况下，变得更加厌恶风险。

二、财富管理的主要服务

随着私人财富的增长，投资者对金融资产的多样化和专业化配置需求增加，个人投资管理的资产配置结构也在发生变化，财富亟须找到合适的方式实现财富在新经济形势下的保值、增值及传承。快速增长的社会财富创造了对于信息、投资规划、避税等服务的需求，促进了财富管理服务的发展，因此越来越多的投资者接受了投资理财咨询、财务规划、避税及增值类咨询等服务。

投资咨询是现代咨询机构接受政府、企业或个人投资者的委托，组织相关专业人员，对投资领域的重大问题进行评价和论证，最终给出决策建议，帮助决策者解决问题，减少投资风险，以获得最大的投资效益的智力服务活动。财务规划是指财富管理机构为企业客户提供的投资、筹资以及股利分配决策，包括财务预测、财务预算和财务控制三个方面。避税是指在税法和相关法律允许的范围内，财务管理机构为纳税人提供的分析、控制和减轻税负的方案，以实现税后收益最大化的谋划、对策与安排。退休规划是指财富管理机构通过对客户资产进行详细规划和合理配置，以保障客户退休之后的财务支持，防止退休后生活水平下降的服务。增值类咨询服务是指财富管理机构为客户提供的除投资以外的、其他可以为其带来幸福感的服务，例如，留学咨询、养老健身、旅游服务等。

财富管理服务存在的意义主要有以下几个方面：

第一，这是财富管理上的必然需求。当个人资产积累到一定程度时，个人的时间、精力与能力等方面都不足以应对高额财富增值的需要，于是财富管理公司的各项服务就可为客户提供财富管理上的支持。著名的投资咨询公司一般都是以金融资本为后盾的投资银行，例如摩根士丹利、高盛和美菱等，还有一些各个商业银行的理财服务部门和专业的个人财富管理公司，在财富管理市场上分别对公司和高端人士提供投资咨询服务。

第二，这是源自个人需求层次提高上的需要。在 21 世纪初期，高端人士依靠奢侈品来彰显身份和地位，主要有手表、手袋、高端场所或跑车等高端商品，而现在的含义更为广泛，从精致餐饮到养生等新生活趋势的服务及体验也涵括在内。因此，高净值人士所占比例越来越高的同时，其对于财富管理服务所包含的内容也由传统金融产品渐渐涵盖到更有内涵的高层次产品。从而，随着高净值人群的需求层次的提高，财富管理服务范畴也进一步扩大，为其提供涵盖资产配置、教育留学、旅游、养生健康、艺术品、慈善和环保等的综合性服务。

第三，这是复杂国情上的必然需要。由于"一带一路"沿线国家过多，经济发展情况不同，政策和公司的情况不易了解，信息咨询行业也可以利用自身强大的信息网络，为各国想要开展跨国业务的公司和个人提供信息，或帮助其进行资信调查。当富裕阶层将视线转到留学教育、养生等市场而对其他国家信息又不了解时，财富管理机构提供的信息咨询服务就将为其打开世界的大门。

第四，这是资产国际化的必然结果。经济全球化背景下，财富的资产配置必然走出国门，实现合理的全球化资产配置，以规避市场风险和提高生活体验。据招商银行《2021年中国私人财富报告》显示，除财富安全、财富增值外，第三个财富目标就是跨境一体化资产配置。从全球范围来看，全球高端财富市场有一套既定印象：在法国享受全方位的美好生活、在米兰追逐时尚、在英国求学并购置高端地产物业。而在中东的迪拜则开始成为豪华度假及养生目的地的代表。这些印象促进了跨国消费和资金流动，也使高净值人群不得不在相关产品和服务中进行一定的资产配置，这就需要财富管理机构的服务予以实现。

第二节 "一带一路"中财富管理业务

在"一带一路"开展过程中，我国与沿线国家开展了多种多样的财富管理业务，同时经济发达国家丰富的财富管理产品和服务也为我国财富管理业务的发展提供了良好的学习榜样。在"一带一路"中，与财富管理相关的主要业务有跨境人民币业务、银行卡业务和特色金融市场业务等。

一、跨境人民币业务

在快速的贸易增长背景下，跨境人民币业务的深入开展需求十分迫切。各类跨境人民币服务中，银行贷款类业务占比最多，也是开展较为频繁、合作比较深入的业务，为"一带一路"的发展提供了巨大的资金支持，保证了各项项目的顺利开展。

从跨境人民币交易金额来看，人民币国际化使用增长速度较快。根据中国商务部网站数据，2020 年 1～6 月，我国企业在"一带一路"沿线对 54 个国家非金融类直接投资 571 亿元人民币，同比增长 23.8%（折合 81.2 亿美元，同比增长 18.4%），占同期总额的 15.8%，较上年同期提升 3.2%，主要投向新加坡、印度尼西亚、老挝、柬埔寨、越南、马来西亚、泰国、哈萨克斯坦和阿联酋等国家。

中国人民银行报告显示，2019 年人民币跨境使用快速增长，人民币跨境全年收付金额达 18.67 万亿元，同比增长 24.1%，同时在同期本外币跨境收付总金额占比 37.1%，创历史新高。

2021 年 5 月环球银行金融电信协会（SWIFT）的数据显示，人民币在基于金额统计的全球支付货币中升至全球第五大最活跃货币，市场份额占比为 1.9%。人民币国际化地位进一步提高，在全球范围内的支付货币功能不断增强深化，储备货币功能逐渐显现。

从合作内容来看，银行信贷的发展较为迅速。这是因为"一带一路"建设，各种项目的资金需求旺盛，从而导致银行信贷快速发展。除此之外，接壤和边境地区对于跨境清算、人民币结算业务等有着直接的需求。以我国最大的省份新疆维吾尔自治区为例，该自治区与八国接壤，随着"一带一路"倡议逐渐成为国际共识，新疆维吾尔自治区在"丝绸之路经济带"的核心地位不断上升，与中亚各国间的经贸往来日趋频繁，贸易额大幅攀升。为了深入开展国际交流合作，新疆已与境外 90 个国家和地区开展了跨境人民币结算，其中跨境人民币直接清算网络已经覆盖中亚 5 个国家，另外也与哈萨克斯坦和塔吉克斯坦两国积极开展了双边本币结算业务。新疆辖区内的银行分别于 2011 年 6 月、2015 年 9 月、2015 年 12 月实现人民币与哈萨克斯坦坚戈、巴基斯坦卢比和塔吉克斯坦索莫尼银行柜台挂牌交易，人民币与周边国家小币种直接交易实现从无到有的突破。例如, 中国农业银行新疆分行在哈萨克斯坦人民储蓄银行开立坚戈账户, 并在签订了坚戈现钞调运协议。自 2011 年起, 截至 2018 年末, 新疆辖区内的银行柜台人民币对坚戈累计交易量已突破 1 亿元人民币。

二、银行卡服务

由于银行卡业务相对便捷, 支付能力突出, 有着良好的市场环境, 便于对资产提供高效的财富管理服务, 因此银行卡业务发展十分迅速。受益于 "一带一路" 倡议, 同时也为了更有力地支持这一倡议的实施, 银联卡业务在沿途多个国家和地区发展迅速, 我国与当地机构的合作更加广泛、深入。

2015 年, 中国银联、内蒙古银行与蒙古的商业银行合作开通 "柜面通" 业务, 提高了双边居民结算便利度, 并将每日累计取现金额从 2 万元提升到 20 万元, 深入地促进了中蒙间货物贸易与服务贸易的结算。截至 2019 年 4 月, "一带一路" 沿线已有 106 个国家和地区开通了银联业务, 累计发行超过 4300 万张银联卡, 受理覆盖逾 1200 万家商户 80 万台 ATM, 比 "一带一路" 倡议提出前分别增长了超过 25 倍、8 倍和 3 倍①。根据 2019 年中国银联与老挝、印度尼西亚、泰国等国金融机构签署的合作协议, 银联将与各国在发卡、支付转接系统等多方面进行合作。印度尼西亚、泰国本地主流银行将发行银联高端卡产品; 乌兹别克斯坦的一家银行与银联签署了一揽子发卡合作协议; 马来西亚大马银行将推出当地首张支持非接触支付功能的银联信用卡。

三、特色金融市场业务

在 "一带一路" 财富管理的发展过程中, 出现了一些特色金融产品和服务。沿线国家的先进金融产品和服务业务的发展, 将为我国财富管理市场的发展提供宝贵的经验。而 "一带一路" 金融产品的推出, 将令我国与其他国家的合作更加深入。

1. 绿色金融产品

随着绿色环保理念及政策的普及和实施, 绿色金融产品在国外的发展相较我国种类更多更完善, 因此无论是绿色信贷、绿色证券、绿色资管、绿色保险, 在

---

① "一带一路" 沿线 106 个国家和地区开通银联业务〔N〕. 经济日报, 2019 - 04 - 23.

国外发展都较我国更为深入。消费者绿色汽车消费贷款以及绿色银行卡，还有公司的碳交易，都是我国金融市场急需发展的金融产品，也是绿色金融的重要组成部分。Green Card Visa 是全球第一个将碳减排行动与用户消费行为挂钩的绿色信用卡，目前已在荷兰、德国及一部分北欧国家发行；巴克莱银行在 2007 年推出呼吸卡（Barclay Card Breathe）也是促进绿色消费的典型代表①。加拿大的温哥华城市信用社的低排放汽车优惠贷款业务、澳大利亚 MECU 金融合作社（现更名为澳大利亚银行）国际"Go Green"，绿色车贷项目是在绿色汽车消费贷款方面的优秀项目。随着我国经济从投资驱动向消费拉动转型，环保理念的深入，企业日渐增长的碳资产管理的需求，发展绿色消费金融对我国尤其有着非常深远的意义。

2. "一带一路"产品

为了支持"一带一路"的发展，我国在市场中也开发了一些特色金融市场工具及业务。例如，我国为支持境内外主体利用债券市场融资，发行了丝路主题的债券，也在国内发行了多只"一带一路"概念基金，如国投瑞银新丝路混合（LOF）、海富通国策导向混合、鹏华"一带一路"分级等基金。国际上，2017年中国工商银行卢森堡分行的"一带一路"绿色气候债券，2019 年中国建设银行与瑞士冯托贝尔银行共同研发的"一带一路"主题的权益类票据金融产品，以及德意志银行资管公司推出的"一带一路"清洁能源投资基金等相关产品的出台，不但体现了其他国家对我国"一带一路"倡议的积极态度，也体现了国外银行业与中国银行业交流的深化，为我国金融业发展提供了更多的发展机遇。

第三节 "一带一路"对财富管理产品和服务的新需求

在与"一带一路"沿线各国开展经济合作过程中，因各国经济发展层次不同，对金融业务的需要也不尽相同，也产生了一些财富管理业务上的新需求。

---

① 杨庆虹．国外绿色金融市场发展借鉴［J］．中国金融，2017（13）：41 – 42.

一、跨境结算中提高资金效率的需求

在与各国合作中，几乎都涉及资金跨境的流转和财富管理的国际化实现，因此，对于人民币跨境结算机制和金融工具互认有着较大的市场需求，这是为了满足资金效率提高的要求，也是在"一带一路"发展过程中的必要一环。

首先，边境地区跨境结算规模小、无体系，资金流通效率低下。随着与"一带一路"沿线国家经贸关系日益密切，为了降低交易中的汇率风险，双边贸易结算大多使用两国间的货币进行交易，以减少因兑换过程中汇率波动造成的损失。在双方银行结算体系不畅通的情况下，可能会催生银行体系之外的巨额人民币跨境流动，为可能出现的非法资金跨境流动提供了便利，给我国货币管理、反洗钱工作造成了许多困难。

其次，金融工具无法互认，造成资金流动不畅。"一带一路"中资金将以金融工具的形式在国际间流动，例如各类票据、银行卡等，但没有签订协议的金融工具无法互认，容易造成资金流动效率低下。在此背景下，我国也与其他国家签订了一些协议，对标准化金融工具进行互认，从而提高交易效率，深化合作，拓展市场。例如，2015 年与蒙古的合作中，开通的"柜面通"业务大大提高了两国资金流通的效率。通过签订合作、互认协议进行金融工具互认，对于提高资金流通效率、深入金融合作、扩大合作内涵有着十分重要的意义，但仍需从广度和深度两方面进行研究，以促进"一带一路"金融合作的深入。

二、对财富管理产品的多样化需求

"一带一路"沿线国家经济发展情况不同。由于各国经济发展不一，还存在相当一部分金融基础设施、金融信息技术较为落后的国家。这些国家对于财富管理的需要与发达国家不同，在产品设计上应有所区分。另外，我国财富管理业务能力也需要提升。目前，我国的综合金融机构和第三方财富管理公司财富管理业务主要是进行产品销售，较少进行个性化的理财规划，并未考虑客户的真正需求。

在财富管理发展的早期阶段，财富管理机构也是从初级的销售产品起步，随后过渡到中级的资产组合配置阶段，而今已经开始步入高级的全权委托阶段。由于我国经济市场发展成熟度略慢于发达国家，财富管理业务发展正处于由初级向

中级过渡的核心时期。在这一时期，引入多样化的产品和服务，满足客户全方位的财富管理需求，平稳步入资产组合配置的阶段，或将成为中国财富管理服务的演进路径。这一路径要求将国外优质财富管理方法和产品"引进来"，吸收、消化、创新后，再"走出去"为"一带一路"服务。

三、对国际市场信息咨询服务的需求

企业或个人在开展国际业务或进行国际投资时，需要对国外信息进行深入了解才能顺利开展和办理业务。参与"一带一路"的国家越来越多，各国国情都不相同。国际间的财富管理业务可为客户提供目标市场和企业的各种市场信息、法律法规解读、投融资市场等领域信息，并可设计各种方案，综合运用各类金融工具为客户提供资产配置、合理避税等服务。

从行业来讲，各类金融机构的组织都较为庞大，分支机构较多，因此在市场信息、企业资信、资料收集与整理等方面拥有优势，可以利用其基础业务的全球服务网络收集各国当地多方面的信息。由于网点众多，也可以为公司提供当地政治经济的信息及特点，为企业开展国际贸易、合作交流等提供信息。信息咨询行业的覆盖面较广，例如在纳税咨询服务方面，截至 2019 年 6 月底，12366 上海（国际）纳税服务中心累计为纳税人提供咨询服务 2950 余次，英文服务 640 余次。同时，积极推进双语知识库建设，编写促进外资增长、交通运输业、先进制造业、发票业务等双语业务专题，较好地促进了"一带一路"国际业务的顺利开展①。

四、对国外的优质公司和资源的合作需求

"一带一路"为合作带来了巨大的潜在机会，各个行业都有着众多的国外优秀公司可以共同合作，利用各方优势资源，使项目能在最优状态下开展。因此，如何寻找好的合作方、优质公司和资源的需求较大。例如，2016 年的哈翔清洁燃煤电站项目采用了公私合营模式（Public - Private - Partnership，PPP），由阿联酋作为招标方，参与的国家有中国、美国和沙特阿拉伯等国。中资企业哈尔滨电气通过这个项目成功地进入了海外高端电力开发市场，实现了从过去只做设计采

---

① 中国商务部．中国对外投资发展报告 2018.

购施工（Engineering Procurement Construction，EPC）承包向投资、开发和运营的产业升级。这些项目的成功得益于紧密的国际合作，各参与方都发挥了自己的专长，使融资、建设、运营各环节效益最大化，实现了共赢①。

五、对"一带一路"绿色建设的资金需求

"一带一路"沿线国家有着丰富的自然资源，但由于经济发展和技术水平的限制，导致其能源消耗过高、温室气体排放过高。因此，各国的经济结构转型、可持续发展就成为重要的发展方向。为了为"一带一路"绿色项目提供融资便利，我国在2014年建立了丝路基金，规模达400亿美元。丝路基金与亚洲基础设施投资银行、新开发银行一起，积极践行绿色发展理念，推动绿色金融深化、促进国际绿色项目的发展。其中，2016年，新开发银行在中国成功发行了30亿元绿色金融债券。

2016年，中国首次将绿色金融引入G20议程，为打造人类命运共同体、促进社会可持续发展，积极推动绿色金融市场发展，丰富绿色金融市场，促进绿色信贷、绿色债券、绿色保险等金融工具发展。2018年推出了《"一带一路"绿色投资原则》，将绿色金融贯穿到"一带一路"项目中，通过国际间的项目合作、跨国的融资支持来促进沿线各国绿色发展。随着"一带一路"项目的不断发展，我国积极进行绿色项目合作的同时，绿色信贷的发展也呈现出稳定的增长趋势。2015年的巴基斯坦卡特洛水电站中，总投资约为17.4亿美元，我国三峡集团作为大股东仅投入20%的资金，而其余80%的资金是由中国进出口银行、中国国家开发银行、丝路基金及国际金融公司组成的国际银团提供的贷款。2019年4月，绿色发展国际联盟成立，为实现"一带一路"绿色发展、促进国际间政策对话提供了良好的平台。绿色发展国际联盟定期发布《"一带一路"绿色发展案例报告》，整理了在"一带一路"项目中的生态环保、清洁能源、可持续交通、绿色建筑等多个方面的项目案例，体现了国际合作中的经济建设、环境保护、绿色金融协调发展的情况。

---

① 金琦. "一带一路"倡议与中国金融开放新格局下丝路基金的机遇与使命［J］. 清华金融评论，2018（12）：31-32.

第四节 完善"一带一路"财富管理
产品及服务的建议

在"一带一路"发展过程中，针对财富管理产品和服务应如何服务于国际交流，如何深化合作内涵，进而促进国际经济合作和人类命运共同体的实现，发挥比较优势，为各国提供多层次的投融资服务，现对在"一带一路"发展中财富管理产品和服务提出以下建议：

一、金融产品的互认互通，加强监管

首先，深化人民币国际直接结算。通过谈判、互换等多种方法和工具扩大人民币在与沿线国家进行贸易合作中的使用，进而提高人民币在"一带一路"沿线国家的使用率，降低其他外币的使用，以减少汇率波动及外汇兑换对交易产生的不利影响，实现"去美元化"的目标[1]。对于边境接壤省份，鼓励区域内银行积极与接壤地区开展双边货币直接兑换业务，增加跨境结算中人民币头寸的使用。建立和完善跨境人民币现钞回流与跨境调运机制。

其次，要促进金融产品互认互通。在金融产品互认互通方面，我国已达成部分成果。2018年10月12日，证监会发布了《关于上海证券交易所与伦敦证券交易所互联互通存托凭证业务的监管规定（试行）》（证监会公告〔2018〕第30号）[2]。2019年6月17日上海证券交易所与伦敦证券交易所互联互通制下的金融产品沪伦通正式开通，同时我国第一只GDR上市。金融产品的互认互通使两国间金融交易更加便捷和频繁，交流更加深入，促进了两国间的资金融通。

最后，要提高金融监管手段。金融产品互认互通开放后，为防止出现监管灰色地带或监管真空、防止跨境洗钱犯罪，同时建议金融监管部门积极主动推进与

---

① 南楠. 中国与"一带一路"沿线国家金融创新合作的困境与出路［J］. 对外经贸实务，2019（8）：56-58.

② 中国商务部. 中国对外投资发展报告2018.

境外银行监管机构签署双边监管合作谅解备忘录（Memorandum of Understanding，MOU）或监管合作协议，定期交流会晤，建立正式的双边监管合作机制。在跨境监管方面，截至 2019 年末，银保监会已与 83 个国家和地区签署了 120 份监管合作谅解备忘录（MOU）或监管合作协议，并积极通过对话机制加强跨境监管。针对具体开放的金融产品，需要重新推敲监管协议的覆盖面，防止出现监管漏洞和过度监管。同时提高监管水平，提防国情不同、技术水平不同而造成复杂的跨国金融犯罪行为。

二、提高营销水平，构建销售新渠道

首先，将"一带一路"沿线国家按经济发展情况进行区分，为财富管理需求不高的国家及地区提供低成本的资产配置服务，为中等经济发展的国家提供适当的财富管理服务，并可进行积极的财富管理推介，对经济发达国家则提供满足个性化需求、全方位财富规划和符合中国特色的财富管理产品。

其次，个人及企业财富管理业务方面，应将客户进行细分，将客户归类为相对同质化的群体的过程，使得财富管理能够针对不同层级客户的投资目标和投资偏好，提供差异化、定制化、具有不同侧重点的产品和服务，从而更好地满足客户的具体需求。

最后，针对发达国家，我国要积极学习其财富管理理念，创新设计财富管理产品，提高我国财富管理水平。但针对经济欠发达地区，在财富管理角度上，应进行基础知识的传递，加大宣传引导，并积极对其提供技术、培训等方面的支持。为了规避风险，尽量吸引多方机构参与，并通过灵活运用各种金融工具实现各参与方之间的利益捆绑和风险共担，以减少风险和可能的损失。

三、结合文化特色，创新新型产品和服务

根据"一带一路"沿线各国的文化特色和经济发展，创新新型财富管理产品和服务。金融类产品可以根据财富管理主体特点进行产品搭配或设计，对风险规避程度高的主体提供资产保值与风险对冲的资产配置，匹配适合类型的保险；对于资产或业务风险较高的主体，可以利用金融衍生工具为其提供资产管理、财务分析、风险管理等服务。同时，鼓励金融机构和财富管理机构积极进行创新，设计适合不同国情的金融产品，以满足"一带一路"发展需求。尤其需要保险

机构发挥专业优势，为"一带一路"建设重大项目服务，进行风险管理、保障等①。

但也要注意各国宗教信仰的禁忌，以防出现不良后果。像信奉伊斯兰教的国家及地区中，禁止不劳而获、具有投机性质的经济行为，不可进行买空卖空等金融行为，因此，在进行财富管理产品和服务创新时，就需要注意不可以违背当地的宗教信仰。

四、打造人类命运共同体，发展绿色财富管理理念

积极开展绿色财富管理业务，设计绿色财富管理产品，与绿色金融发达国家进行经验借鉴，向绿色金融欠发达国家传达绿色发展理念。根据 2018 年全球环境绩效指数（Environmental Performance Index，EPI）统计，"一带一路"主要参与国家 EPI 指数排名进入前 20 名的只有新西兰一个国家②。可见沿线各国的绿色发展程度亟须提升。正如习近平总书记说："绿水青山就是金山银山。"促进经济发展的同时也要践行社会责任。

首先，应在提供财富管理服务的同时，向沿线国家普及绿色财富管理理念。受限于经济发展，"一带一路"沿线国家有着较大的生态改善需求，却难以凭借自身力量在发展经济的同时实现生态修复与保护。因此，在习近平总书记的倡导下，应积极推进绿色金融合作，推动绿色投融资规则标准制定与落实。我国进行国际投资时，也充分考虑到绿色理念的普及，例如在 2016 年由中国交通建设集团承建的加纳特码新集装箱码头工程，因施工区域是海龟在西非的主要产卵地之一，因此额外注意对海龟生存环境的监测；2018 年肯尼亚的内马铁路建设中，充分考虑到了植被保护、野生动物迁徙、噪声等方面的绿色保护因素。额外的绿色建设将提高对资金的需求，因此进行绿色金融债券、贷款等金融工具知识的普及就尤为重要。

其次，应积极进行绿色财富管理产品设计和发行，促进绿色财富管理发展。

① 中国保监会关于保险业服务"一带一路"建设的指导意见［EB/OL］．中国银保监会网站，2017 – 04 – 28.

② 杜婕，张墨竹．"一带一路"倡议对绿色金融发展的促进作用研究［J］．吉林大学社会科学学报，2019，59（3）：49 – 61，232.

《2019年新兴市场绿色债券报告》①（*Emerging Market Green Bond* 2019）发现，全球绿色债券市场整体表现优于2019年，发行量达到创纪录的2400亿美元。其中，中国继续引领新兴市场绿色债券的增长，而东亚和太平洋地区占据81%的市场份额。除中国外，主要的新兴市场发行者包括印度、智利、波兰、菲律宾、阿联酋和巴西。由此可见，"一带一路"沿线国家俨然成为全球绿色债券市场的主要参与主体。2019年，新兴市场绿色债券发行规模从150万美元到29亿美元不等。根据德国经济研究所2021年数据，全球绿色债券发行最多的国家是美国、德国、法国和中国，排名第四，我国在绿色债券市场走在了世界的前列。

在"一带一路"建设中，绿色金融将成为国与国之间经济发展的"桥梁纽带"。作为绿色金融发展较快的国家，我国与沿线国家进行绿色项目的合作、绿色金融工具的发行以及绿色信贷的提供，对沿线各国项目的开展、经济的发展、可持续发展目标等方面均有较好的帮助，同时也有助于我国在全球中的国家形象的形成，提高我国经济地位、政治地位的同时，也将促进世界各国勇于承担国际间的社会责任，共同打造人类命运共同体。

---

① 由该行国际金融公司（International Finance Corporation）和欧洲资产管理公司 Amundi 编制。

第五章 "一带一路"财富管理市场

"一带一路"将中国与参与各国的经济紧密联系在一起，也对财富管理市场在国际的发展提出了更高的要求。在经济全球化不断深入的过程中，国际资金流通日益频繁，财富管理市场也迎来了空前的机遇，它虽然拥有庞大的市场需求、丰富的投资内容、巨大的操作空间和强劲的发展动力，但国际市场复杂的环境也为其发展进程增添了一些挑战。如何在操作层面深入实施"一带一路"政策，深化国际、地区间的经济金融合作，防范金融合作过程中存在的风险，是目前急需解决的问题。

第一节 财富管理的主要市场

财富管理市场范围较为广泛，无论是传统的投资品还是新兴的理财新宠，也无论是普通的保险产品还是高端的艺术品，都属于财富管理市场的范畴。根据市场发展的程度和层次，可将财富管理市场分为传统财富管理市场、高端财富管理市场和新兴财富管理市场，分别对应初级财富管理需求、高级财富管理需求和新兴财富管理产品。目前，随着全球经济和科技的快速发展，财富管理市场正伴随着新兴市场的产生，重心由传统财富管理市场逐渐向高端财富管理市场拓展。

一、传统财富管理市场

传统财富管理市场主要是指传统意义上的理财市场，主要包括金融市场、贵金属市场、大宗商品市场、房地产等，这些最基础的市场可以满足大多数财富管理的需求。如图5-1所示，以2018年中国资产管理市场为例，传统财富管理市场中，各类财富管理机构市场份额占比如下：银行与信托各占20.0%，并列排在首位，其次分别是保险资管占14.0%、券商资管占13.0%和公募基金占12.0%，剩余的是占11.0%的私募基金和占10.0%的基金子公司。

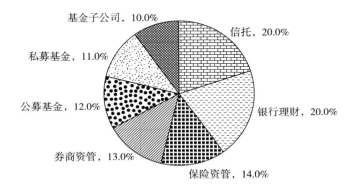

图5-1 2018年中国资产管理市场结构①

在传统财富管理市场中，金融市场是指经营货币资金存贷款、外汇买卖、有价证券交易、债券和股票的发行、黄金等贵金属买卖场所的总称，主要包括直接金融市场与间接金融市场，其中主要的参与主体有投资者、商业银行、基金公司、投资银行与证券公司等，运营着活期存款、定期长短期存款、各类基金、股票、债券和保险等金融工具。

贵金属交易市场主要指黄金和白银交易市场。贵金属投资主要是指黄金和白银的投资，是财富管理的重要渠道之一，历史悠久，深得老百姓喜爱和信任。

大宗商品则一般是指可进入流通领域，但非零售环节具有商品属性，可用于工农业生产以及消费的大批量买卖的物质商品。大宗商品的主要特点是交易量大，价格波动剧烈，主要有能源商品、基础原材料和农副产品三类。

房地产开发和房地产市场的兴起与完善，有力地带动了相关产业的发展，创造了巨大的物质财富。由于房地产是固定资产，因此地方因素对人们选择居住地

---

① 艾瑞咨询.2019年中国财富管理与TAMP商业模式研究报告.

及所购买的房屋类型仍有着重要影响。从全球范围来看,在美国,海外买家占高端住宅市场总销量一半,其中大多数买家来自5个国家:加拿大、英国、墨西哥、印度及中国。在迈阿密购买房屋的海外投资者占比甚至高达80%。根据瑞士宝盛银行2020年全球财富和高端生活报告中的分析,亚洲是全球最昂贵的地区,在住宅物业中,10大最昂贵城市中,亚洲已占6个;就豪华汽车而言,10大最昂贵城市中,亚洲独占8个。

如图5-2所示,2014~2018年全球GDP平稳增长中略有波动,而全球私人财富的增长却十分明显,远超全球GDP的增长速度。快速增长的财富使高净值人群除对传统理财产品外的其他财富也有着明显的增长需求。随着高净值人群所占比例的不断提高,财富管理市场的内涵也不断扩大,涵盖了随着经济社会的发展和高净值人群精神物质生活的要求而产生的财富管理市场,主要包括艺术品、留学和教育、养生与美容健身、各类球会、收藏品等市场。

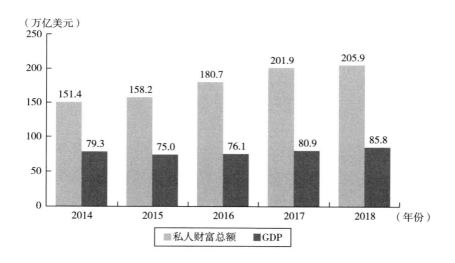

图5-2 2014~2018年全球私人财富与GDP

资料来源:孟凤翔.2019年全球财富管理报告 [R]. 亿欧智库,2019.

瑞士宝盛银行发布的《2020年全球财富和高端生活报告》分析称,亚洲超级富豪抢购艺术品、足球球会等各类资产以展示财力。较富裕阶层争相把子女送入名校,并渴望在高端住宅区置业,同时还参与了其他高端财富管理领域,例如养生、旅游等。随着各种收藏品的新指数的出现，使人们更容易将收藏品投资与更传统的资产类别（如债券或股票）进行比较，从而帮助投资者评估在可比水平上的回报率。最受欢迎的将是 Liv－ex Fine Wine 100 的葡萄酒指数、Artprice 全球艺术品指数、硬币显示器 PCGS 3000 指数和斯坦利吉本斯 GB30 的稀有邮票指数。在金融方面，投资者可以各类收藏品投资与传统资产类别之间寻求多样化和低投资的相关性，以降低自身的风险。

二、新兴财富管理市场

在经济快速发展的今天，伴随着数字科技的发展、对环境保护的需要、体现自身价值和回馈社会的需求越来越多，进而产生了新兴财富管理市场，在财富管理市场发展进程中异军突起，为财富管理市场带来了新的活力，主要包括数字财富、绿色金融、公益与慈善等市场。

信息科技在金融领域的普及加速了金融行业的全方位变革，数字化、信息化、智能化的数字财富将是财富管理行业进一步的发展方向之一。2017 年，习近平总书记提出要将"一带一路"建成创新之路，推动大数据、云计算、智慧城市建设，连接成 21 世纪的数字丝绸之路。因此，将科技、创新与财富管理进行融合也是未来发展的趋势。2019 年 4 月，我国与匈牙利创新和技术部签署关于开展"数字丝绸之路"合作的双边行动计划。波士顿咨询与陆金所联合发布的《全球数字财富管理报告 2019～2020》展示了数字科技和信息技术在财富管理中的能力，通过信息发掘，它们发现普惠客户 50% 的可投资资产未被挖掘，具有巨大市场潜力。

绿色金融是指通过银行贷款、发行债券等形式对环保、节能、清洁能源、绿色交通、绿色建筑等领域的项目提供投融资、项目运营、风险管理等的金融服务。绿色金融可以通过资源配置，引导资金流向环保型行业，促进环境保护及治理。当前我国绿色金融政策稳步推进，在信贷、债券、基金等领域都有长足发展。《中国绿色债券市场 2019 研究报告》数据显示，2019 年全球贴标绿色债券发行中，中国在境内外市场发行了 3862 亿元人民币的贴标绿色债券，发行量位列第一，较 2018 年增长了 33%。可见中国在绿色债券市场有了较为突出的发展和表现。

公益与慈善，是指公益活动与慈善活动。随着社会的发展，人们对于价值的实现不再拘泥于财富，同时回报社会、反馈社会、为社会服务，因此产生了公益与慈善。公益与慈善是指在现代社会条件下，个人或组织自愿通过做好事、行善举等公益活动，向社会公众提供有利于提升公共安全、有利于增加社会福利的行为，以实现自我价值。

因此，拥有物质财富不再是最终目标，现今的消费者倾向于更慎重、精神层面上、可持续及负责任的消费方式。无论是数字财富、绿色金融、环保与慈善等都是高净值人群的财富管理的对象。

第二节　财富管理市场在 "一带一路" 中的作用

全球财富管理市场正沿着从欧洲到美国再到亚洲的发展路径，逐步走向繁荣；随着我国财富管理和 "一带一路" 的发展，将我国特色财富管理走出国门，走向世界。财富管理市场在 "一带一路" 发展过程中，起到了重要的支持作用。中国对外发展报告中提到，中国积极推进行业双向开放，提升金融服务能力。金融行业，乃至财富管理，无论是从直接的融资支持，还是间接的保险保障，都为 "一带一路" 的快速、健康发展提供了强有力的保证。

一、提供金融支持，促进 "一带一路" 顺利开展

通过 "一带一路" 政策，中国与沿线多个国家积极进行合作，有着巨大的投融资需求，金融行业则在这一过程中起到了关键的作用。除提供传统信贷支持外，为了保证项目顺利开展，我国金融行业 "一带一路" 中还通过多种形式来为各类项目提供融资，例如跨境人民币融资、投贷联动、主题债券、出口保险等，因此金融机构的支持不可或缺。金融行业提供的各种各样、丰富的融资形式，一方面可以促进与国际机构之间的合作，另一方面在共享收益的同时还可以分散风险。

从项目合同的数量及金额来看，截至 2020 年，"一带一路" 银行间常态化合作机制（BRBR 机制）成员包括来自 51 个国家和地区的 94 家金融机构。中国工商银行与其他 BRBR 机制成员合作落地 55 个 "一带一路" 项目，各方承贷总金

额达 427 亿美元。根据中国商务部数据，中国企业 2021 年前四个月新签 "一带一路" 对外承包工程项目合同 1465 份，金额达 2698.9 亿元，同比增长 16.1%，占同期中国对外承包工程新签合同额的 58.2%；这些项目的顺利开展都依赖于金融行业的支持。

从金融行业分支机构来看，根据中国银保监会数据，截至 2020 年末，来自 23 个 "一带一路" 沿线国家的 48 家银行在中国设立了分支机构，另外，共有 11 家中资银行在 29 个 "一带一路" 沿线国家设立了 80 家一级分支机构。

这些项目和机构的开展，使国与国之间的合作更加深入，我国财富管理行业也利用了金融业发展的机会，真正走出国门、走向世界，为全球的投资者服务，使其实现将全球化资产配置，授受跨国高端财富管理服务。

二、促进我国财富管理及其他相关行业深入发展

"一带一路" 下的财富管理市场，真正走出国门，实现了在全球范围内的资产配置。不但为沿线国家投资者提供了新的可投资产品和机会，也为我国投资者提供了新的投资市场。瑞士宝盛银行分析师认为，高净值人士渴望分散投资组合，不仅在资产类型方面，还包括地域方面，从而创造全球主要门户城市的顶级全球市场。例如，潜在买家会同时考虑伦敦、洛杉矶或香港的房地产[1]。全球化资产配置的理念、投资的产品种类、投资咨询行业等，都将促进我国金融市场加入全球化经济发展的浪潮中，并不断深入发展。

首先，从财富管理理念上来看，随着 "一带一路" 的开展，我国财富管理行业的目光也将更为长远，思想与方法也可以逐渐与世界接轨。我国可从合作国家中经济发达的国家，例如新加坡、俄罗斯、韩国等，学习先进的财富管理理念，引进其他国家的财富管理产品并进行创新，同时也向经济欠发达国家及地区输出我国的财富管理理念和金融产品。

其次，从财富管理内容上来看，我国各相关行业也将受益于全球财富管理的成熟发展和运营，深入发展特色产品，从而在全球财富管理产业链上获得一席之地。例如，随着全球财富的快速增长和财富管理理念的普及，高端财富管理市场将逐渐扩大其市场份额，而我国则可抓住机会，提高我国在全球高端财富管理市

---

① 瑞士宝盛银行. 2020 年全球财富和高端生活报告.

场中的地位。例如，根据全球健康研究所（Global Wellness Institute）的分析，全球的养生市场每年增长速度达6%，增速是全球平均本地生产总值的两倍。这一产业的价值庞大，已达4.2万亿美元，但目前尚未有地区主导该产业。迄今为止，东南亚一直利用在酒店业和气候方面的优势，吸引西方旅客在冬季前来旅游，而海湾国家正在奋力赶上①。我国相关产业则可以利用这些机会，开拓国际市场，为全球投资者提供更好的产品和服务。

三、降低"一带一路"中存在的风险

首先，保险市场既可以为企业提供生产经营方面的风险保障，又可以分散、转移个人的人身与财产风险，避免企业、个人财富因意外风险事件而遭受损失。通过保险资金的合理运用，保险市场还可以为实体经济发展提供长期资金支持，有力推动经济发展。在世界经济体系中，保险市场正在发挥着越来越重要的作用。为了降低风险，应在整个信贷流程中进行风险管理，对"一带一路"沿线国家进行国别风险评估，并对国别风险敞口进行监测和预警。不断提升跨境风险管控能力，突出保险的风险缓释作用。中国出口信用保险公司国别风险研究中心推出了"一带一路"国别风险监测月报，其中的资信数据库覆盖了7000万家的中国企业数据、超过2亿家海外企业数据、4.5万家银行数据，拥有海内外资信信息渠道超过400家，资信调查业务覆盖全球所有国别、地区及主要行业，为我国开展国际合作提供了有效信息支持。

其次，通过全球化财富管理产品的配置，也将降低"一带一路"合作中存在的风险。随着全球政治和经济发展的不平衡与地区的紧张局势，导致各国投资者对于海外资产需求增加，纷纷通过持有国外资产达到分散风险的作用。因此，不但财富管理可以通过对保险的配置来提高资产安全系数，而且进行全球化资产配置的策略则从根本上为"一带一路"提供了新的风控保障。因此，通过分散投资和保险业务的开展，可以有效地降低"一带一路"各个项目或投资活动中存在的风险。

---

① 瑞士宝盛银行.2020年全球财富和高端生活报告.

四、促进多方面的国际交流，打造人类命运共同体

首先，随着全球财富管理市场的开拓，通过全球的资产配置让各国联系更加紧密，促进了人类命运共同体的发展。"一带一路"倡议旨在积极发展与沿线国家的经济合作伙伴关系，共同打造政治互信、经济融合、文化包容的利益共同体、命运共同体和责任共同体。而财富管理业务需要通过多方面的国际交流，让国与国之间、地区与地区之间、人与人之间的合作更加深入、更加熟悉，信息和资源进一步整合，从而关系更加密切，患难与共，真正打造人类命运共同体。

其次，由于各国情况不同，财富管理需要通过对各国国情的了解而进行深入交流，加深了人类命运共同体的内涵。由于"一带一路"参与国家较多，文化背景繁杂，经济程度各有不同，在开展财富管理业务时，需要对各国经济发展、文化教育等方面进行了解和沟通。这不仅是单纯资产配置，还需要对各国国情下对社会发展、居民情况、财富管理偏好等方面的深入分析，这不但有助于财富管理业务的内涵式发展，也有助于我国传统文化的传播，对促进国际间经济文化交流、打造人类命运共同体有着密切的作用。

第三节　"一带一路"财富管理市场中面临的问题

财富管理市场的发展与"一带一路"中各国经济的发展密切相关，而各国国情各异，各国在"一带一路"的参与程度也各有不同，因此，财富管理市场在"一带一路"中的发展面临急需解决的许多问题。

一、各国经济发展不均衡，侧重点不同

"一带一路"沿线各国国情不同，经济市场发展差异巨大，因此财富管理业务的开展上需有所侧重。习近平总书记曾提出，发展不平衡是当今世界最大的不平衡。"一带一路"倡议的实施就是为了打破这一不平衡，促进国家间经济交流。但由于各国发展不均衡，也导致风险评估存在一定的问题。截至2020年1月，中国一带一路网的数据显示，中国已与138个国家和30个国际组织签署了

"一带一路"合作文件。其中有 2019 年 GDP 达 1.64 万亿美元、1.7 万亿美元、2 万亿美元的韩国、俄罗斯、意大利，也有年 GDP 仅有 1.95 亿美元、4 亿美元的基里巴斯、密克罗尼西亚联邦等。

以拉美地区为例，拉美地区各国经济不发达、不平衡，通过"一带一路"倡议，中国自 2015 年以来仅在拉美地区就设立了三个区域基金来支持拉美地区国家发展：规模 300 亿美元的中拉产业合作投资基金（CLAI Fund）；100 亿美元的中拉合作基金（CLAC Fund）；200 亿美元的中拉基础设施专项贷款计划（Myers and Ray，2021）。而根据驻东盟使团经济商务处数据，2020 年中国与东盟之间的贸易额达 6846 亿美元，同比增长 6.7%，东盟作为一个国家集团首次成为中国最大贸易伙伴；在此背景下，中国企业在东盟地区的新签工程承包合同额也达到 611 亿美元，完成营业额 340 亿美元，分别占"一带一路"沿线国家总额的 43.2% 和 37.3%。这些经济建设合作亮点已成为疫情之下中国稳固经济"外循环"的重要保障。

可见各国经济发展差异巨大，合作国家的经济发展速度不尽相同。但全球经济发展不均衡，对财富管理业务的需求因此也有所不同。经济发达国家对于高端财富管理市场和新兴财富管理市场的产品需求较大，同时它们也需要进行全球资产配置分散风险。而经济欠发达国家则将目光集中在传统财富管理市场中。因此，我国财富管理业务的开展，也将有不同的侧重点才能满足各国的需求。

二、银行贷款、外汇市场业务占比过高

首先，"一带一路"资金的转移和转化主要是通过银行贷款和外汇市场进行的。由于"一带一路"区域国家大部分都处在快速发展阶段，社会正向工业化、城市化发展，因此经济发展潜力巨大。但由于基础设施、城市建设的资金需求旺盛，在目前"一带一路"的融资使用中，主要集中在工程款项的贷款和国际贸易交易这两部分。在融资规模方面，2015 ～ 2018 年，中资银行业机构共同参与"一带一路"建设相关项目近 2700 个，累计授信近 4000 亿美元，发放贷款超过 2000 亿美元，相关贷款余额约 2000 亿美元。中国进出口银行在 2019 年执行中"一带一路"项目超过 1800 个，贷款余额超过一万亿元人民币[1]。由此可见，大

---

① 进出口银行"一带一路"贷款余额已超万亿元［EB/OL］. 新华网，2019 – 04 – 18.

量的资金流动，主要是通过银行业进行实现的。

其次，财富管理中除银行业外，其他行业发展程度不足。例如，有着资金保障、风险分散功能的保险行业，虽有大量保险业务的开展，但从项目种类和金额上，发展都不如银行业明显。如图5-3所示，中国大陆的保险业务深度不足，有很大的发展空间。

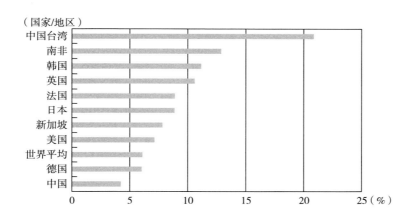

图5-3 2018年全球主要国家（地区）保险深度

资料来源：华宝证券，2020中国金融产品年度报告：财富管理新时代［R］．2020．

从"一带一路"合作国家所在地区来看，保险业务的开展意义重大。因为经济发展不足的原因，大部分的"一带一路"国家保险密度不足100美元、保险深度不足1%，正处于保险业的起步发展阶段，且由于部分国家是灾害频发的区域，因此保险市场的发展潜力巨大。中国社会科学院开发的中国海外投资国家风险评级体系（CROIC），综合考量了证券投资和直接投资的风险，2018年，CROIC对35个沿线国家进行了风险评级，其中大部分国家为中等风险级别，约占77.14%；2020年报告数据显示，"一带一路"沿线国家平均风险水平低于整体水平，中等风险国家居多。而根据2021年CROIC的国别风险报告，"一带一路"沿线大多数国家为中等风险，且"一带一路"沿线国家的对华关系得分显著高于整体水平。可见国别风险情况逐渐好转，同时在对华关系态度上较好，有助于我国"一带一路"倡议的实施。

中国出口信用保险公司在首届"一带一路"国际合作高峰论坛17项成果项

下，累计出具保单 55 个，实现承保金额 70.6 亿美元，2018 年全年承保对沿线国家的出口和投资 1503.6 亿美元，增长 15.8%。在"一带一路"沿线国别业务项下，支付赔款 6.3 亿美元，参与项目 94 项①。其他参与"一带一路"的保险公司主要有中信、中再、平安财险、中国太平洋、中国人保等，分别从服务"一带一路"贸易畅通、重大项目建设保驾护航、为国际市场提供再保险、为境外工作人员提供保障、提供资金支持和风险咨询服务等方面参与到"一带一路"中，但与银行业贷款金额和项目数量对比，可以明显看出其市场份额相对较小，有待进一步提高。

三、国与区域间合作不对等

虽然我国"一带一路"倡议和相关政策极大地促进了接壤地区与国家间的合作，但却依然存在一些挑战。为了深入促进"一带一路"合作的开展，我国积极同各国发展战略对接。2019 年 8 月 2 日国务院批准了广西、云南等六个省份新设自由贸易试验区，其中广西与云南两个自贸区为"一带一路"的重要支持，同时还制定了若干面向东盟的跨境金融创新发展政策。但在具体实施上，还存在一些问题。

首先，从层次上来看，地区与国家进行合作的谈判是不对等的。由于国家间的战略合作是国与国的合作，而因此真正进行合作的地区无法直接参与到合作谈判中或无法真正开展合作。例如，若我国要推进与中亚五国的金融合作，一般是需要以新疆维吾尔自治区为主进行管理，但中亚五国则是具有主权的国家，新疆维吾尔自治区只是我国的一个省份，因此在进行区域金融合作时，两者间的法律地位并不对等②。即便如此，我国新疆维吾尔自治区的金融业也积极地与其他接壤国开展业务，例如同哈萨克斯坦和塔吉克斯坦两国进行的双边本币结算业务，其中包括了两国具体合作银行的柜台直接挂牌交易、银行间外汇市场区域交易、远期结售汇及掉期业务等。

其次，政策性合作较多，商业性合作不足。以黑龙江省为例，在黑龙江省与

———————————

① 中国出口信用保险公司 2018 年年度报告，中国出口信用保险公司官网，http：//www. sino-sure. com. cn。

② 朱莉．"一带一路"倡议下中国新疆与中亚五国金融合作问题研究［J］．新疆财经，2018（6）：71－77.

俄罗斯进行的贸易进口中的 80% 是由国有企业承担的。从金融角度来看，在"一带一路"建设中政策性银行也发挥了积极主动的作用，商业性银行之间的合作则相对匮乏。例如，我国通常是中国国家开发银行和中国进出口银行与其他国家进行业务往来，其他商业银行之间的合作较少。中国工商银行的参与度相对较高，发行了首只"一带一路"银行间常态化合作机制（BRBR）绿色债券，并与BRBR 机制相关成员行共同发布了"一带一路"绿色金融指数。为了深入推动"一带一路"绿色金融合作，中国工商银行在"一带一路"银行间常态化合作机制下为共建"一带一路"国家成员机构开展经济政策培训，中国银行开展"一带一路"国际金融交流合作研修班。但相对于我国银行业的规模，这样的参与度是不够的。

四、业务开展有限，合作不深入

首先，"一带一路"中部分金融机构开展业务时，业务范围受限，部分急需办理的业务无法开展。例如，部分边境地区现钞缴调业务、未互设金融机构办理业务等。据冯建功（2019）对中国与蒙古国、俄罗斯的合作所进行的分析，内蒙古与蒙古国和俄罗斯的合作范围有限。蒙古国与中国香港开展有各项货币缴调业务，但与内蒙古的口岸商业银行鲜有类似业务开展，且中国口岸商业银行能力和外币现钞有限，也无法满足对方业务需要，因此无法利用地域优势来开展财富管理业务①。

其次，财富管理在"一带一路"的合作还停留在初级财富管理市场层面，合作不深入。"一带一路"合作过程中，沿线国家的国情参差不齐，金融服务发展情况差异大，导致区域金融合作不深入。有些国家经济发展不佳，证券、保险市场发展落后，直接融资市场份额占比较小，金融基础设施建设远远落后于发达国家。因此，国民对于财富管理的积极性不足，导致对金融产品的需求较低，无法进行深入的财富管理规划。尤其经济欠发达国家的金融产品相对较少，市场上的创新产品较少，整体金融服务水平较低，金融机构只提供比较简单的金融服务，导致在合作过程中，无法开展丰富的业务合作，业务内容与方式缺乏创新性。

---

① 王炜，刘琴."一带一路"倡议下深化中乌金融合作的思考——以乌兹别克斯坦经济改革为视角[J]．新疆社科论坛，2019（2）：55－58.

第四节　发展财富管理市场，为"一带一路"服务

在"一带一路"背景下，财富管理市场的发展有着巨大的机遇和挑战，而如何有效发展财富管理市场，为"一带一路"提供支持和服务，则是十分重要的课题。

一、不同国家侧重不同的财富市场，注意各国传统文化的影响

首先，由于各国经济发展情况不同，因此对财富管理的要求和内容也有所不同，财富管理市场的开拓也要针对各国不同国情，开设不同特色的产品与服务，以满足不同的财富管理需要。据商务部网站消息，2021 年 1 ~ 4 月，我国企业在"一带一路"沿线对 54 个国家非金融类直接投资 387 亿元人民币，同比增长5.7%，主要投向新加坡、印度尼西亚、越南、马来西亚、老挝、阿联酋、哈萨克斯坦、巴基斯坦、柬埔寨和孟加拉国等国家。因此，我国的对外直接投资的国家经济差异较大，财富管理方面的需求也不尽相同，由此我们应对不同经济发展程度的国家提供不同的金融服务。例如，为经济发达国家提供的财富管理业务可以侧重于保险、养生、旅游、慈善等，为经济中等国家提供的财富管理业务可以侧重于金融市场、理财咨询等，而为经济不发达国家提供的财富管理业务可以侧重于财富管理知识普及、教育与留学咨询等。

其次，"一带一路"沿线国家传统文化各异，在从事财富管理业务过程中，要理解和注意各国不同信仰、传统文化；同时应与其他国家进行合作，共同开发具有民族特色的文化、金融产品和服务。例如，伊斯兰金融有着鲜明的特点，他们禁止利息的作用，拒绝投机和买空卖空，主张双方利润共享与风险共担等。因此，在与伊斯兰国家进行财富管理业务服务时，就需要额外注意产品和服务的内容是否满足对方信仰的要求。

二、通过设计多样的金融产品，带动其他业务

首先，由于"一带一路"的各项业务开展中，银行贷款和国际贸易是最常

见的两种方式，因此，我国要利用这两项业务，设计多种金融产品，通过附带、推荐等方法来带动新产品或服务的使用。积极运营营销策略，初期通过促销、试用、免费等形式提供产品或服务，以拓展市场。开展外汇、信贷、证券、保险、基金等领域的合作，对于经济不发达国家积极推进我国金融产品和服务，提高各国金融创新和财富管理意识，引导我国金融机构进行与之匹配的金融业务创新。

其次，要稳定原有金融产品和服务，以保证市场份额稳定上升。建议与接壤地区、经济交流密切地区签订双边本币互换协议，以提高人民币在"一带一路"各国中的使用率，提高人民币在各国结算体系中的地位。我国应利用中央银行数字货币发行契机，积极进行数字货币在国际合作中的应用，减少美元的使用，提高人民币结算比重。

三、建立接壤、边境间的区域合作中心

为了促进区域交流，实现资金"走出去"的目的，我国已在不断尝试新的合作方式，要真正落实合作机构、合作内容，不但要签订合作协议，还要将合作内容深入开展下去。

首先，我国可在接壤城市建立区域合作中心，设立"接壤经济区"，以便接壤、边境地区利用"一带一路"政策深入金融合作，真正实现资金、财富管理理念在沿线国家的传播，同时能有效实现人类命运共同体的目标。虽然 2013 年 9 月至 2019 年 8 月，国务院先后分五批批复成立上海、广东、天津、福建、辽宁、浙江、河南、湖北、重庆、四川、陕西、海南、山东、江苏、广西、河北、云南、黑龙江共 18 个自由贸易试验区，但对于"一带一路"边境地区还有一定的支持空间，可将与边境接壤的新疆、西藏等地区也纳入自贸区中，以提高地区跨境贸易活力。例如，高延芳（2019）建议把云南的瑞丽市与缅甸的木姐市建成两国金融合作试验区，按照同城管理原则，建立同城清算体系。探索构建姐告—木姐人民币和缅币自由流通货币区，借鉴绥芬河卢布使用试点模式，允许缅币在姐告自由流通。而在与缅甸合作成功的基础上，扩大出口合作范围，将合作延伸至东南亚、南亚国家。这种城与城的合作会将合作落地，真正创造国际间货币的流通，但同时也需要注意监管上的风险和反洗钱的问题。

其次，由于各国、各地区经济发展不同，"接壤经济区"可以以各种特色产品或服务为主要经营内容来开展业务。例如贵金属交易经济区、旅游信息咨询

区、货币融通区等，并为特色产品或服务提供税收上的优惠和政策上的便利等，以促进特色业务的快速开展。同时，政府要为跨境经济合作区内的跨境金融合作创造良好的条件，对跨境经济合作区内的跨境金融合作加以鼓励和引导才有利于双边或多边跨境金融合作的开展。

四、加大合作力度，开展定期中层交流机制

跨境金融合作存在很多困难，因此要深入开展合作，必须采取行之有效的合作方式和方法。

一方面，为了促进国际合作交流，建议与各国搭建合作机构。在两国间初始合作时，可以由总行牵头交流，签订好合作协议后，由分行进行后期执行、交流和调节。总行不可做过多干预，以轻监管为主，以防权限下放不足、审批流程过长，从而导致效率低下。例如，将哈萨克斯坦与新疆接壤地区分别选择两家有合作意向的商业银行进行"结对子"，直接进行深入合作。

另一方面，合作双方要签订定期中层交流机制，制定定期会晤时间表。根据合作的内容，每个季度、每半年或每一年进行中层会晤，让合作业务执行者直接参与会议，从实操环节进行沟通。例如，中国人民银行乌鲁木齐中心支行与哈萨克斯坦、吉尔吉斯斯坦、塔吉克斯坦探索建立了协调合作机制，黑龙江省与俄罗斯的边疆区建立了省州长定期会晤机制，其中 9 个城市与俄罗斯的 12 个区、州、市建立了友好城市间的合作交流机制。

第六章 "一带一路"财富管理的风险与监管

第一节 "一带一路"中财富管理的风险

一、市场风险

市场风险是指由于未来市场价格（利率、汇率、股票价格和商品价格）的不确定性对市场主体造成的收益或损失的可能性。

1. 外汇风险

汇率风险是指由于汇率的变动而导致市场主体发生收益或损失的可能性。汇率风险一般由以下活动产生：一是金融机构为客户提供外汇交易服务或进行自营外汇交易活动；二是金融机构的银行账户外币业务活动（如外币存款、贷款、债券投资、跨境投资等）。大型金融机构在外汇交易中扮演着主要角色，花旗集团和 J. P. 摩根大通这样的大型货币银行，同时还在外汇资产和负债方面持有巨额投资。金融机构任何一种外币的总体流入情况，可以通过头寸净额度来计量。显然金融机构可以使它们的各种外汇资产与其负债相匹配，并且使交易账户中买入和卖出的货币相匹配，从而使其外汇净流入降低为零，避免外汇风险。

2. 利率风险

利率风险是指由于市场利率变动的不确定性给市场主体造成收益或损失的可

能性。财富管理机构进行资产转换时，其资产和负债期限常常不匹配，从而暴露于利率风险之下，进入 20 世纪 80 年代，由于预期利率大幅上升，大量的金融机构面临经济上的破产或股东权益几乎完全丧失。所有金融机构往往在一定程度上未能匹配其资产和负债的期限。然而，仅仅由期限不匹配来衡量其风险暴露可能会引起误导。

从财富管理角度出发，风险防范是个动态问题。如果有一种金融资产，它的价值会随着利率的变化而变化。那么随着时间的推移，债券的有效期限也会不断的变化，也就是说它的有效期限会不断变化。

3. 资产价格风险

资产价格风险是指由于资产价格的不确定性给资产所有者造成的收益或损失的不确定性。广义上的资产，一般是指过去的交易或事项形成的，由企业拥有或控制的，预期会给企业带来经济利益的资源。资产按照形态划分，既包括有形资产也包括无形资产。其中，广义的无形资产包括货币资金、金融资产、长期股权投资、专利权、商标权等，因为它们没有物质实体，而是表现为某种法定权利或技术。

4. 商品价格风险

商品价格风险是指因市场价格的不确定性对市场主体的物质商品资产所带来收益或损失的可能性。商品价格风险的分类。企业商品价格风险可分为直接商品价格风险和间接商品价格风险。当企业的资产、负债中存在物质商品形态时，这些商品的市场价格的任何变动直接对企业的资产价值产生影响，由此产生的商品价格风险称为直接商品价格风险。对特定范围的企业形成间接影响的价格风险则称为间接商品价格风险。

二、法律风险

国际上关于法律风险有不同的定义，按照国际律师协会（IBA）定义：

企业法律风险是指企业因经营活动不符合法律规定或者外部法律事件导致风险损失的可能性。

法律风险主要表现在以下六个方面：

（1）企业设立、运营中的法律风险。

在设立企业的过程中，企业的发起人是否对拟设立的企业进行充分的法律设计，是否对企业设立过程有充分的认识和计划，是否完全履行了设立企业的义务，以及发起人本人是否具有相应的法律资格，这些都直接关系到拟设立企业能否具有一个合法、规范、良好的设立过程。

（2）合同订立、履行过程中法律风险。

合同是市场经济中各类企业从事商务活动时所采取的最为常见的基本法律形式。可以说，合同贯穿于企业经营的全过程，只要有商务活动，就必然要产生合同。合同当事人在订立合同时，考虑更多的是合同利益而非合同风险。合同在避免交易行为不确定性的同时，也可能由于合同约定的缺陷而为当事人埋下法律风险。

（3）企业并购法律风险。

在全球范围内，企业并购逐渐成为现代投资的一种主流形式，而这一复杂的资产运作行为必须置于健全的法律控制之下，才可充分发挥企业并购的积极效果。我国目前有关企业并购的法律法规仍不完善、不系统，甚至在一些方面还存在着许多问题和缺陷，因此企业并购产生的法律风险具有一定的特殊性。从法律风险的角度看，企业收购并没有改变原企业的资产状态，对收购方而言法律风险并没有变化。因此，企业并购的法律风险主要表现在企业兼并中。企业兼并涉及公司法、反不正当竞争法、税收法、知识产权法等法律法规，且操作复杂，对社会影响较大，潜在的法律风险较高。

（4）知识产权法律风险。

目前，我国很多企业的知识产权保护意识不强，没有站在企业生存之根、发展之源的高度来认识知识产权的市场价值和经济价值。知识产权包括商标权、专利权、著作权等权利，是蕴含创造力和智慧结晶的成果，其客体是一种非物质形态的特殊财产，要求相关法律给予特别规定。

（5）人力资源管理法律风险。

在我国，与人力资源有关的法律法规主要是《中华人民共和国劳动法》和国务院制定的相关行政法规及部门规章。在企业人力资源管理过程的各个环节中，从招聘开始，面试、录用、使用、签订劳动合同、员工的待遇问题直至员工离职，都有相关的劳动法律法规约束，企业的任何不遵守法律的行为都有可能给企业带来劳动纠纷，都有可能给企业造成不良影响。

（6）企业财务税收法律风险。

近年来，企业涉财涉税案件大量涌现，从一定侧面可以看出，企业在财务税收方面的法律风险日益增高。在我国目前的财税政策环境下，很难分清楚合理避税与偷税漏税的界限，如果处理不当，企业很可能要蒙受不必要的经济损失。

三、政策风险

政策风险是指因国家宏观政策（如货币政策、财政政策、行业政策、地区发展政策等）发生变化，引起市场价格波动而产生的收益或损失不确定性。

在市场经济条件下，由于受价值规律和竞争机制的影响，各企业争夺市场资源，都希望获得更大的活动自由，因而可能会触犯国家的有关政策，而国家政策又对企业的行为具有强制约束力。另外，国家在不同时期可以根据宏观环境的变化而改变政策，这必然会影响到企业的经济利益。因此，国家与企业之间由于政策的存在和调整，在经济利益上会产生矛盾，从而产生政策风险。

政策风险主要包括反向性政策风险和突变性政策风险。反向性政策风险是指市场在一定时期内，由于政策的导向与资产重组内在发展方向不一致而产生的风险。当资产重组运行状况与国家调整政策不相容时，就会加大这种风险，各级政府之间出现的政策差异也会导致政策风险。突变性政策风险是指由于管理层政策口径发生突然变化而给资产重组造成的风险。国内外政治经济形势的突变会加大企业资产重组的政策风险。

此外，在"一带一路"财富管理的风险中，还会发生各种技术风险，比如：由于网络安全、硬件通信等引起的风险、跨时区交易引起的风险等。近些年来，网络安全风险越来越引起重视，主要是由于财富管理涉及的金额巨大，网络金融信息传递需要高度安全的信息技术保障。

第二节 "一带一路"财富管理风险防范与监管

一、传统金融机构的风险防范与监管

1. 商业银行的风险防范与监管

一是中资商业银行在风险预告与防范上对境内外机构采取了多种措施，以达到多管齐下的目的。银行对于那些信用记录优良、贸易背景真实的企业十分关注，愿意提供一定的融资服务，这也是有效防范"一带一路"沿线国家贸易风险的方法。另外，相关融资企业的进出口项目的贸易资质也需要银行如实地审查，审查的内容包括相关融资企业的融资背景是否可靠等情况。银行对于某些融资企业的业务类型由于设置不同导致的差异化贸易融资费率的问题，向国内外的不同企业提供有针对性的个性化贸易融资相关业务。银行在做好信用风险管控及防范后，还要继续参与管理企业与"一带一路"沿线国家的资金收尾，以此增强客户货物流的监控，以防止客户产生违法挪用资金导致的被动垫款的情况发生。银行同时也会继续完善企业的信用记录与惩罚制度相关联的挂钩制度，并且在事后还要继续加大对企业做出的违法违规行为进行监管和惩戒的力度。成立了银行对外经济与合作领域的信用体系，银行对于一些有扰乱对外经济合作与秩序，造成了严重的不良影响或者危害国家声誉利益等行为的涉事企业将会列入黑名单。

二是银行对于同"一带一路"沿线国家主流金融机构及非主流第三方金融机构的合作交流也十分关注，同它们之间的合作会更好地应对有可能发生的汇率风险和信用危机。而银行本身也十分注重与"一带一路"沿线国家的部分担保机构进行合作，对于沿线国家的不同情况出台对应的保险方案；银行也会谨慎地选择境外的不同等级的代理行和信用担保机构等作为交易的对象；同时银行也会加强与丝路基金、世界银行等国际金融机构进行合作，在合作的过程中会搭建相同行业的信息互通等业务，便于中资商业银行可以及时了解当地有关金融的政策变动情况，在企业和银行开展相应的融资业务时更好地应对汇率、利率和政策带来的各种风险。

三是银行自身苦练内功，建立健全境外相关合法合规的风险规范体系，同时银行也会加强建立境外合法合规的政策以及相关风险的全流程的监控与全面积的覆盖。银行自身始终坚持着内部驱动与外部监督的一致性、内部引领和外部机构践行的一致性、适当与实操相一致的原则。银行通过建立健全境内外合法合规的风险管理机制以此来促进更好的风险管理和监管的建设。

四是当在海外经营中出现争端性事件时，充分利用当地法律、国际条约及其程序维护自身的合法权益，在专业律师的指导下选择正确的争议解决方式。在同亚欧非绝大部分国家缔结的双边协定中，企业和商业银行均可以利用双边协定来保护自身的合法权益，但是无论是企业还是商业银行，想要保护自身的投资安全必须形成有效的争议解决机制。在风险可控的条件下，银行对支持企业"走出去"做出了巨大贡献。要发挥商业银行的境外与境内的相互联动优势以及大型商业银行跨境产品体系相对完整的优势，客户可以得到跨境并购贷款等一系列特色产品，满足了各种企业多元化的需求，同时为企业量身打造一系列符合自身的一揽子金融服务方案。

2. 证券、期货机构的风险防范与监管

来自中国的证券公司最关心的就是保证人是否有足够的担保能力，因此公司会采用实地调研的途径，同时也要结合到保证人的财务报表等有效资料，通过一系列方法减少由于不具备代偿能力的保证人违规准入而发生的意外情况。业务经办人员同时也需要通过结合信贷管理、征信报告系统等多种渠道方法，对借款人与保证人是否存在不合法的关系、是否两者之间会构成合法的担保圈进行合理的调查；与此同时，在借贷过后还要做到一定的担保圈风险预警及相应的处置工作。银行及经办人员应当定期对担保圈内的涉事企业的融资情况等进行梳理，持续的监控保证人的代偿能力是否发生改变，一旦发现有风险存在，及时快速地采取应对措施减少损失。基础产业和基础设施在"一带一路"的建设过程当中，两者的建设与发展均离不开金融的大力支持，特别是其中的资产证券化这一融资方式，便成为了可以满足融资规模特别大、融资期限特别长的企业满足需求的有效途径及选择。目前的企业在产业发展、并购重组、轨道交通、城市综合开发物流等途径中存在着很多的投资机会，并且这些项目的共同特征都是投资规模较大、项目周期较长，而且像银行一类的传统的融资方式和融资工具并不能充分地满足他们的要求。充分发挥证券交易所的纽带作用，推动跨境资本合作与交流，持续关注来自境外投资者的投资关系审核，推进对外投资国际化发展和"一带一路"的建设。代表性案例包括，2017 年 12 月 16 日，深交所与伦敦证券交易所集团合作共建的"深伦科创投融资服务联盟"成功启动，将其纳入了第九次《中英两国经济财金对话重点成果》清单，从而进一步发展了两国资本市场对中小型科创企业的投融资范围，为中英创新资本增加新的途径。该项目将提供包括融资项目展示和路演、企业培训、线上投融资社区等全链条的全覆盖式服务，从而能够有效地为中英两国的投资机构、科创企业之间持续不断地提供双向服务。

"一带一路"在期货市场建设的方面开拓了采用商品期货市场来维护国家经济安全的策略导向。例如，商品期货市场上通过提升"一带一路"沿线国家的货币市场安全来增加我国经济的安全性，同时向相关国家提供相应的定价基准、风险管理和投资工具，以此加强信息的汇集和传递。最终目的是商品期货市场要通过推广商品的期货市场业务的方法来提高我国在大宗商品市场的影响力。

3. 保险和基金机构的风险防范与监管

保险行业可以说是本国在海外的利益集团提供风险的重要保障，因此需要抓住本国实体企业在国际化扩展时遇到的机遇及挑战，这也是我们所提倡的保险业的国际化的必然途径。由于"一带一路"沿线国家存在国情复杂的情况，因此有众多的风险存在，需要相关企业充分做好相应的法律风险、政治风险、环保风险的防范准备，相关企业需要充分利用政策性保险的支持，发挥保险机构对境外项目投资的作用，尽可能地减少不必要的风险和损失。

由于政策性保险和商业性保险公司之间具有可以相互补充彼此的优势和弥补不足，因此完全可以共同地为"一带一路"沿线国家基础建设的投资提供全面的保护。商业性保险公司的业务范围主要集中在工程保险、财产保险、境外人员安全保障保险等一揽子保险。而政策性保险公司的业务主要集中在政治风险等非商业风险。

当商业性保险公司为中资相关企业进行针对性的保险服务时，首先便是全面地评估来自各方面的风险，例如承保区域是否存在不安定的政治因素、是否有严苛的环境保护要求、是否有不同于我国的市场特性等，之后保险公司充分结合中资投保企业的实际需求为其定制适应企业发展的风险管理计划与保障安排。例如中国人保财险公司近年来已经为很多国家的大型钢铁企业及其他大型设备制造企业、大型光伏组件生产企业向"一带一路"沿线国家出口设备提供了相应的保险支持，来从这些产品获得更多的认可和支持，从而达到扩大出口销售额的目的。

二、其他金融机构财富管理风险防范与监管

1. 亚投行的风险防范与监管

亚投行的通常业务包括提供普通资本融资的普通业务与提供特别资本融资的特别业务。而如果亚投行在投资的过程中，普通资本业务和特别资本业务将会独立运行，而且也会在亚投行财务报表中分别列出，十分明确。无论在任何情况下都不能将普通资本来缴付或清偿特别资本担负或承诺的特别业务。

亚投行开展业务遵循五项原则：攸关方平等、投资多样化原则、稳健运营原

则、合规合意原则和审慎融资原则。稳健运营是最具有特色的原则，同时是亚投行进行业务的整体性原则，因为该原则在限定业务范围、遵循业务责任、尊重成员意见都有其严格的要求。而对于来自世界各地的借贷对象来说，充分地保障企业的利益并评估委托项目是否具有可实施性，同时还需要兼顾企业自身的发展与满足各方成员国的需要，因此具有重要的责任义务。而亚投行在实际运营的贷款业务中始终遵循着高标准严要求。而如果贷款对象并非来自亚投行的成员时，亚投行可以委托该项目执行所在地的成员，也可以是来自亚投行所能接受的该成员的某个政府机构，为所贷款的本金及利息以及其他的费用能够按期如约地偿还提供一定的担保。

2. 丝路基金的风险防范与监管

"丝路基金"是"一带一路"建设中成立的开发性投资机构，秉承着为经济贸易合作以及在双边、多边的互联互通过程中提供投资金融通方面支持的宗旨，坚持国际化、专业化、市场化的原则，为的是能够促进来自四面八方的资金都能参与到"一带一路"的建设中来。而在金融方面的领域中，"丝路基金"更加注重与各个国家之间的各类金融机构进行高效合作，通过商业性股权投资基金的方式将资本参与到"一带一路"的重点建设中来，来促进金融资本与产业资本的完全融合，从而能够支持中国企业"走出去"以及我国证券、保险等金融机构能够顺利地跨国经营。例如，"丝路基金"与哈萨克斯坦签署的出口投资协议，该协议商讨设立中哈产能专项合作基金来培育并投资相关项目，该协议直接推动了中哈两国之间的产能合作，以此来打造成示范性的"中国—中亚—西亚经济走廊"的合作模式。

"丝路基金"的资金主要来源是国家的外汇储备，因此国家对"丝路基金"的风险防控情况高度重视。我国在做出相应的投资决策中，会对产品的实际情况进行充分的考察，比如是否具有行业风险、国别风险、社会风险、宏观经济风险以及其他相关的风险等。在项目投资决策并出资后，丝路基金项目团队将严格按照投资合同和管理规划落实对项目的管理，以及对项目运营风险的及时识别和有效控制。丝路基金还通过公司董事会来参与项目的后期运营，旨在促进投资主体和运营方的履行投资合约来遵守国际规则和法律法规，避免不当行为造成的损失。从长的投资期限出发，对保持长期和及时的风险观察视角，在投资合作过程中将会始终遵循市场化原则，与合作伙伴做到风险共担、收益共享。

三、银行对于反逃税、反洗钱的有效监管

国内的商业银行会按照风险情况为上的原则，将反逃税、反洗钱风险纳入全面的风险管理体系当中，以此来建立反洗钱、反逃税的内部控制链，来提高反洗钱反逃税的合法合规以及相应的风险管理。通过明确董事会、监事会及相关部门的职责分工来高效地履行客户的身份识别，进行客户身份资料的识别及交易记录的保存等各项反洗钱和反逃税义务。

中国人民银行成立了反洗钱监测分析中心和监管协调组织，通过监督的形式来要求各个金融机构主动承担起反洗钱和反逃税的义务，要形成系统的预防体系。金融机构通过反洗钱和反逃税的资金监测，可以及时地将可能涉嫌违法活动的交易人员上报中国人民银行，人行经过分析或调查后将案件线索移送交公安机关，同时根据侦查机关的要求可以顺利开展资金分析和调查，从而构成监测、打击洗钱的完整流程。

根据《非金融机构支付服务管理办法》的要求，如果海外金融机构为我国境内交易和跨境交易提供了一定的电子支付服务，其应按照相应的程序取得许可证。如果是外商投资机构则应当在我国境内拥有能够独立支付业务的业务系统。同时外商投资机构应当在中华人民共和国境内产生的个人信息的处理和分析应当于国内进行而非海外。同时外商投资支付机构的公司治理和日常运营等也都必须遵守中国银行关于非银行支付机构的监管要求。

四、监管机构的风险防范与监管

我国银监会旨在强化重点经济领域的监管约束。首先，便是要严格地遵守信贷、理财、票据、信托等行业的相关监管和监督的法律法规，以此来提高服务透明度；其次，是应将各类的创新业务及产品加入到全面的风险管理体系中去，以确保业务发展过程中与风险管理实时匹配；最后，便是要坚决杜绝违规行为和市场乱象，切实就差由于参与方过多、结构复杂、链条过长等原因所导致的资金虚实不定的交易业务。同时，我国证监会还会不断地加强同香港特别行政区证券监管机构的交流合作，建立两地监管机构长效合作机制，以此来增强两地投资者彼此之间保护的交流合作关系。证监会于近年来重点加强了资金来源的风险管控，切实提高了投资风险的防范：明确了对 PPP 项目和政府方的监管要求、运

营风险和项目建设;强化投资计划管理,把风险管理的责任交给市场主体,并完善保险资金退出机制。保监会始终坚持"严字当头"的原则,从严整治、从快处理、从重问责;防范重点领域风险、规范内保外贷行为、强化资产负债管理的监管、加强投资能力管理、切实有效地防范保险机构违法违规或变相地向地方政府融资。

第三节 "一带一路"的财富管理防范风险 手段及监管体系的建立

一、金融科技助力"一带一路"财富管理防范风险与成立监管体系

金融科技改变着金融行业的生态环境。技术进步在财富管理金融风险防范与监管方面被寄予厚望。"一带一路"财富管理风险防范与监管体系应把握三个原则,即从规则监管转向原则监管、从静态监管转向动态监管、金融监管从被动监管转向主动监管。要利用大数据、云计算等领先技术构建风险监管子系统,其中包括金融风险监测预警和数据管理系统,目的是要解决来自新兴金融业产生初期形成的缺少监管系统、缺少监管数据、缺少风险底数数据等问题,同时强化金融风险的监测与分析,以达到能够稳妥处置各类金融风险产生的隐患。积极探索各种各样的金融科技模块,构建各种各样的科技创新投融资体系,建设成为科技创新金融支持相关平台,以此促进科技成果的快速高效转化。

要重点加强"一带一路"的财富管理的金融科技建设,其中包括:要建设适合区块链贸易融资信息发展的服务平台,从而能够支持研究大数据、人工智能、区块链等创新技术,以及其应用在金融监管、风险防范方面的作用,在如今的机制互通、解决问题、信息互通的思路上可以实现跨区的金融监管与合作。推动跨境金融监管的发展有助于推动"一带一路"沿线国家的金融监管与合作,有利于建立点到点的全链条式监管,建立监管跨地套利、洗钱、逃税的运营机制。

二、跨境监管沙盒创新金融科技发展途径

金融科技作为新兴产业,其业务类型和应用模式多种多样,同时也逐渐变得复杂,带来了许多不确定性风险。因此风险防控和金融创新之间的平衡,便成为了各国监管部门关注的重点。监管沙盒提供了一个袖珍市场和宽松的监管环境,在保护消费者的前提下,鼓励企业对产品的创新及交付机制进行大胆尝试,从而形成协调金融科技创新与管控风险的最佳方案。

现有的监管模式与监管沙盒的产生并不冲突,沙盒的存在反而弥补了许多现有的金融监管模式在应对金融科技创新方面的不足。另外,互联网金融监管规则以及第三方支付、P2P 的监管规则都已经出台一段时间,这也为监管沙盒的实施积累了更多的经验。而由于监管沙盒也可以让企业在较低的成本、可控的场景下试行新产品,也能适应国际法制、会计和监管的做法因此大受欢迎。

但与此同时我国实施金融监管沙盒的过程中会遇到种种来自技术和操作层面的挑战。首先,监管沙盒对我国监管的资源配备具有很高的要求。其次,监管沙盒是一次监管方式创新模式,需要面对现有的监管规则和法律框架的约束。沙盒监管系统框架是面对金融技术公司的,不是任何行业的公司都可以加入,瞄准的是金融技术、保险科技,尤其是创业公司,参与者可以通过豁免等方式加入此监管框架。

三、"一带一路"财富管理相关风险的跨境监管机制的成立

由于跨区域沟通和协调成本比较高,因此"一带一路"财富管理的跨区域金融监管首先要以问题为导向,其次要选择风险监管预警等突出问题进行重点解决,最后要成立可以跨区域的个人或者企业的身份识别,建立能够保持监管数据的模式,并要建立信息互通的系统,及时做好彼此之间的信息共享,达到构建跨区域的金融蓝图,对于反恐、反逃税和反洗钱将会更好地发挥作用。同时,提高对"一带一路"沿线国家金融科技企业的要求,建立企业数据、信息、流程等方面的充分共享的体系和标准。

同时还应加强"一带一路"人民币的跨境结算监督管理机制的建立健全,要成立相对应的跨境监管机制。在启用了人民币跨境结算业务后,跨境资本流通的渠道又多了一种,如果不加强对跨境资本流通的监管与控制,跨境资本流通将

会对我国的金融市场产生巨大的冲击。

完善"一带一路"跨境贸易人民币结算制度首先需要制定相应的跨境贸易人民币结算规则，以此来满足市场的合理需求及各企业对人民币结算的大量需求，从而能够在减少外汇兑换的成本交易和节省费用的同时，也能坚持贸易的真实性审核。其次是跨境贸易人民币结算业务的规则，要区分界定好监管部门的责任与企业银行的义务。要不断地将人民币跨境结算推广到国内外的各大行业中，特别是要加强国内外服务贸易投资项目的占比，促进共同发展。同时应当积极改革管理外汇的方式，要通过完善外汇管理的法律法规，建立健全具有系统性的金融风险防范机制。最后要积极完善国家关于金融行业的相关条例和法规，在实施的过程当中应当履行更为严格的法律规定，同时要针对以往产生的风险制定新的政策制度来减少未来风险的发生。

第七章 "一带一路"与人民币国际化

"一带一路"倡议和人民币国际化是中国国家顶层合作倡议，"一带一路"建设是中国与欧亚各国共建共享的新经济增长机遇，也是人民币国际化的重要契机，其发展将对世界政治、经济贸易格局带来深远影响。

第一节 人民币国际化的进程和发展路径

2016 年 11 月第 71 届联合国大会将"一带一路"倡议写入决议，"一带一路"建设是一个开放的地域合作机制，"一带一路"建设对人民币的国际化发展也是重要支撑。在当前中国经济进入"新常态"，经济增速放缓，"一带一路"建设与人民币国际化的推行是中国合作倡议突围的重要举措。

一、人民币国际化发展进程

随着我国 GDP 的高速增长和在全球化贸易的份额增长，人民币的地位明显滞后于中国的国家实力。我国通过在全国范围内实现人民币的跨境结算，促进了人民币的汇率体系发展，同时在货币互换协定与人民币储备资产方面也取得了重大突破。基于此，2011 年我国提出了两个"三步走"战略目标，实现人民币国际化：

基于人民币使用范围提出第一个"三步走"：在 2021 年完成人民币在周边国家和地区的使用和流通；在 2031 年成为在亚洲地区区域化的结算和支付货币；

在 2041 年争取在全球国际贸易结算中成为世界货币。基于货币职能提出第二个"三步走"：在 2021 年成为国际贸易结算货币；在 2031 年成为国际的投资货币；在 2041 年成为国际重要的储备货币之一。

1. 人民币国际化的发展进程

自 2009 年跨境贸易结算试点实施以来，随着人民币跨境贸易结算规模的迅速扩大，人民币国际化程度在不断提高。2010 年人民币国际化指数只有 0.02，至 2019 年人民币国际化指数已升至 3.63。2016 年 10 月 1 日人民币正式纳入 SDR 货币篮子，人民币在 SDR 篮子中的权重为 9.92%，这是国际货币基金组织对人民币的官方认可，是人民币国际化的重要发展阶段。在此之前，我国为了人民币的国际化积累众多的改革创新措施和相关政策，如表 7-1 所示。

表 7-1　人民币国际化进程的重大事件

时间	重大事件
2000 年 5 月 4 日	第九届东盟会议签订了清迈协议，确立了区域性货币互换
2003 年 7 月	中银香港成为第一家人民币国际业务的清算行
2005 年 7 月	人民银行宣布人民币采用一篮子货币为参照的有管制的浮动汇率制
2009 年 4 月	国务院批准在上海、广州等地开展跨境人民币结算试点，到 2011 年 8 月跨境贸易人民币结算境内地域范围扩大至全国
2011 年 12 月	证监会与央行、外管局发文，允许符合条件的基金公司、券商子公司开展 QFII 业务
2012 年 4 月	人民币的国际清算银行分别在新加坡、德国、韩国等地设立
2013 年 2 月	海关总署于 2014 年起全面实行以人民币计价的贸易统计数据
2014 年 10 月 14 日	英国政府发行了 30 亿元规模的人民币主权债券，票面利率为 2.7%，期限为 3 年，这是海外首只人民币主权债券
2014 年 11 月	中国人民银行发布《关于人民币合格境内机构投资者境外证券投资有关事项的通知》，QDII 机制正式推出
2015 年 5 月	亚洲基础设施投资银行成立，到现在已经有 100 多个国家加入亚投行，这是中国在国际金融领域的重要里程碑
2015 年 7 月	中国人民银行对境内原油期货交易跨境结算，明确了以人民币进行计价、结算
2015 年 9 月	中国人民银行通过成立数字货币研究所，聚焦数字人民币业务运行及多场景应用等关键技术的研究

续表

时间	重大事件
2015 年 10 月 8 日	人民币跨境支付系统（CIPS）试运行，为境内外金融机构提供人民币的跨境资金清算和结算服务
2016 年 1 月 25 日	中国人民银行对 27 家金融机构和注册在自贸区的企业，给予了扩大本外币一体化的全口径跨境融资审慎管理
2016 年 1 月 27 日	中国正式成为国际货币基金组织第三大股东，中国排名从第六位跃升至第三位，仅次于美国和日本
2016 年 4 月	上海黄金交易所以人民币计价的"上海金"合约正式交易
2016 年 5 月 3 日	标准化人民币外汇远期（C－Forward）交易在银行间外汇市场运行
2016 年 7 月 18 日	新开发银行成功发行了 30 亿元绿色金融债券，首家境外央行类机构进入利率互换市场
2016 年 10 月 1 日	人民币正式纳入 SDR 货币篮子，人民币比重为 9.92%，超过日元和英镑位列第三
2017 年 10 月	"一带一路"沿线国家合作高峰论坛中，习近平总书记明确提出鼓励金融机构开展人民币海外基金业务，预计规模达 3000 亿元
2018 年 1 月	中国数字票据交易平台成功试运行，这标志着中国法定数字货币的理论和实务研究已经居于全球领先水平
2020 年 7 月	商务部印发《全面深化服务贸易创新发展试点总体方案》明确，在京津冀、长三角、粤港澳大湾区等地开展数字人民币试点
2020 年 10 月	中国人民银行深圳支行在深圳开展数字人民币红包应用测试工作

资料来源：根据新闻整理。

　　随着人民币国际储备货币地位不断上升，已有越来越多的国家开始接受人民币作为官方结算货币和储备货币之一。央行统计数据显示，截至 2019 年底，中国人民银行已与 53 个国家签订了货币互换协议，互换规模达到 4.37 万亿元，其中"一带一路"沿线国家或地区有 20 多个。虽然在双边贸易结算规模、投融资和货币储备选择等方面取得了一些进步，但我国人民币国际化的进程还处于初级阶段，面对复杂的国际经贸博弈和美元霸权的阻挠，以及 2020 年突如其来的新冠肺炎疫情，给进一步的全球化发展和人民币国际化的道路带来了不确定性的隐忧。

2. 人民币国际化与美元的关系

美元体系通过提供贸易、投资、避险等金融功能，在全球跨境支付中的占比为41%，在全球外汇交易中的占比为43%，在全球储备资产中的占比为62%；从而在美元主导的国际货币体系和全球化当中，使全球经济命运受制于美国的消费和投资循环周期。美国以信用担保的纸币换取世界各国的产品、资源和服务，同时又以发行国债或直接投资的方式吸引美元回流，给美国经济提供低成本的资金支持，这一循环过程中美元货币政策对其他国家的经济波动风险也在增加。

人民币国际化不是对美元的替代，而是共同组建由多种货币构成的新世界货币体系，以减少美元周期对全球经济波动带来的风险。重新构建的国际货币体系要能够体现广大发展中国家的共同利益，以形成新的互利共赢的国际治理体系，也是对构建人类命运共同体的勇敢探索和创造性尝试。

二、人民币国际化的路径和目前阶段

《新帕尔格雷夫经济学大辞典》中论述了一种货币要成为国际货币的四个条件。一是传统的商业惯例可以促进一种货币成为国际货币；二是国际贸易和金融投资能力也可以促进一种货币成为国际货币，但需要其他国家在全球贸易中的占比具有一定优势；三是通过自由开放的金融市场可以带动本国货币的国际化；四是国际市场对该国货币价值的持有信心也能带动该国货币成为国际储备货币。

一国货币要实现国际化，需要具备两个前提条件：一是对货币发行国的经济贸易实力、金融开放性、货币政策的稳定性以及社会政治环境的稳定性等有一定要求；二是货币发行国面临的国际外部环境条件成熟，包括当前国际货币体系的竞争性、国际经济政策的协调和合作、国际政治的包容度等。

1. 一国货币国际化的路径

货币国际化可以从货币职能逐步完善和货币使用区域逐步推进两个层面并分阶段完成。

（1）从货币职能上逐步完善，尤其是货币当局（中央银行）应当发挥其管控职能，例如美联储的货币政策影响全球。

第一阶段实现结算货币功能；主要在贸易领域发挥计价结算职能，货币当局开放兑换功能。第二阶段实现投资货币功能；主要在金融领域（包括国际投资和国际借贷）发挥计价结算职能，需要货币当局对本国金融市场和海外投资离岸市场进行监管和政策防范。第三阶段实现储备货币功能；主要为各国官方的国际储备手段，需要货币当局关注国际金融市场上货币供需和汇率波动。

（2）从货币使用地域上逐渐推进，中国的"一带一路"建设的政策红利将为人民币区域化发挥重要作用。

第一阶段实现货币周边化；发行国货币的兑换应用，主要以周边邻国的贸易往来为主。第二阶段实现货币区域化；货币主要在某个区域范围内使用并发挥其交易、计价、储备等职能。第三阶段实现货币全球化；货币可以在国际市场非货币发行国之间使用，货币可完全自由兑换。

以上两种不同的货币国际化路径相辅相成，经常是同步开展，货币周边化阶段时该国货币一般具有国际结算货币职能，货币区域化阶段时该国货币一般具有计价货币职能和投资货币职能，货币全球化阶段时该国货币一般具有储备货币职能。货币国际化可根据货币国际化发展的程度，把货币国际化分成完全国际化和部分国际化；当前人民币只实现了贸易结算和部分区域、部分大宗商品上的计价功能，而没有实现自由兑换和储备货币阶段的功能，可以视为部分国际化。

2. 人民币国际化与资本账户开放

从货币使用率来看，截至 2019 年 6 月，美元、欧元、英镑、日元和人民币各自所占份额分别约为 40.1%、33.74%、6.63%、3.73% 和 1.99%。这在很大程度上反映了中国整个金融体系的全球地位相对于我们的贸易地位还是滞后的。一个货币的国际地位主要取决于市场的需求和选择，人民币国际化应该是其在国际经济和金融活动中的功能体现。人民币国际化的短期目标是要尽可能接近日元和英镑的地位，尤其是在资本账户开放方面有所突破，这一过程也是中国进一步开放的重要环节。

国际货币基金组织将资本项目的可兑换分为七大类共 40 个交易子项目，一个国家必须对这 40 个交易子项目都实现了可兑换，才可以达到资本项目可兑换的程度。目前我国在 37 个交易子项目上已经实现了部分可兑换，还有非居民境内发行股票、货币市场工具和衍生品业务 3 个子项目处于不可兑换的水平。我国资本市场领域是严格限制外资对股票的投资种类、准入门槛以及投资总额等，可见我国资本市场的开放进程相对于人民币跨境结算略慢。

在资本账户开放的过程中，需要逐步建立风险隔离和缓冲机制，针对不同性质的资本流动，稳步推进，结构化调控。中东欧国家和东南亚国家过早过快地放松了对国际资本账户的管制，导致国际资本利用美元周期和金融危机的发生，对本国核心资产造成巨大冲击，后果是国家资产被"割羊毛"；而面对1997年亚洲金融危机和2008年国际金融危机，中国对资本账户管制，使中国金融体系并未受到太大的冲击。但是也不能因噎废食，对资本账户的风险管控可以借由数字货币的可追踪性而减少冲击和有的放矢。

人民币是SDR货币篮子中，唯一不可自由兑换的货币。资本项目的全面可兑换是货币国际化的重要条件之一，需要人民币的可自由兑换，来促进人民币跨境结算和贸易投资的便利化，否则人民币的国际货币职能就会受到制约。

第二节 "一带一路"倡议对人民币国际化的推动

"一带一路"倡议实施以来，利用"一带一路"建设能够在很大程度上推进人民币在这些地区区域化目标的实现。"一带一路"区域国家各种国际货币的使用情况和人民币在"一带一路"区域中的使用比例，对人民币国际化第一个目标——区域化影响深远。

一、"一带一路"倡议与人民币国际化的关系

随着"一带一路"建设的发展，中国正在进一步融入国际货币体系，进而带动人民币资本的输出与国际金融合作。在美国主导的全球化分工中，虽然中国经济增长迅速，但是在国际产业链条中却长期处于输出劳动力和中低端加工制造的低端位置，并且中国为此付出了巨大的环境和资源代价，在贸易结算和外汇储备中也还要受到美元汇率的盘剥。"一带一路"沿线国家大多是发展中国家，基础建设和经济基础相对落后，通过双边合作能更好地带动中国产业升级和合作国的经济建设，扩大国与国之间的金融合作和人民币的离岸市场应用，不仅解决了中国国内经济结构问题，也能促使合作方国家经济增长。

在"一带一路"建设促进人民币国际化过程中，贸易、投资、金融平台是三个主要途径。通过与"一带一路"沿线各国的贸易往来，利用贸易乘数效应扩大人民币使用规模和降低交易成本，在此基础上，利用人民币开展对外直接投

资能够扩大人民币跨境循环规模，扩大人民币的使用规模和储备，发挥人民币在"一带一路"区域内的主导作用。通过基础建设输出，促使人民币嵌入中亚、东盟等合作国的金融债券系统；通过直接贸易投资和对外经济援助，促使人民币进入非洲市场流通。通过直接贸易投资和金融资本输出，构建境外金融平台和离岸人民币交易市场，拓宽人民币跨境资本流通渠道。

"一带一路"建设与人民币国际化的推行是国家顶层开放合作倡议的交集，两者相辅相成。"一带一路"通过贸易投资、设施建设、金融合作等渠道为人民币国际化铺平道路，人民币国际化为"一带一路"建设提供资金融通保障。

二、"一带一路"区域国际货币的竞争分析

从国际清算银行发布的各国货币的交易数据来看，"一带一路"国家使用的国际货币中美元的占比一直保持平稳态势；日元的占比呈现逐渐下降的趋势，英镑比重渐趋上升，而人民币使用变化不大略有上升。"一带一路"沿线国家间在经济水平、国际贸易以及外交政策等方面各有不同，外汇储备和使用情况也差异较大。

1. 东南亚地区国际货币使用分析

东南亚国家基本都是东盟贸易区成员，是"一带一路"沿线中离中国最近的区域，某种程度上来说属于中国影响区域的基本盘。在人民币国际化的进程中，已经与东南亚国家中经贸规模最大的四国签订了双边货币互换协议。对东南亚区域的货币竞争研究发现，主要为美元、日元和人民币在该地区的竞争，美元占比达到了46.4%，日元占比达到6.1%，人民币占比达到1.2%。东南亚地区虽然是受中国影响较大的区域，但是在人民币的使用量上相对美元、日元仍处于相对弱势地位。虽然人民币的使用占比在2016年后有所上升，但美元、日元所占比重也有明显增长的势头，说明人民币的使用量增加主要是挤占了英镑、欧元、澳元等国际货币的份额。

2. 南亚地区国际货币使用分析

南亚地区影响力最强的国家是印度，也是区域内国家间贸易的主要参与国，所以印度卢比也是南亚区域内最有竞争优势的货币。美国与南亚国家在军事、贸易投资等方面都有着千丝万缕的联系，所以南亚区域内美元的占比也很高。中国在南亚地区与巴基斯坦的外交关系很好，但是面临着与印度卢比、美元的竞争，导致人民币的使用占比非常低。

3. 中亚地区国际货币使用分析

我国与中亚区域国家的经贸投资、货币合作以及外交关系基础较为薄弱，中亚地区与人民币存在货币竞争关系的是美元和俄罗斯卢布。在以能源等大宗商品出口作为国家经济支柱的中亚地区国家，美元长期占据主导地位。在中亚地区，俄罗斯在经济、政治、军事等方面的影响较大，所以俄罗斯卢布的使用占比也较高。中亚地区国家在其国家发展战略中，会加快发展交通运输和通信基础设施建设，与我国"一带一路"的外部倡议吻合，可以通过发展其国家的基建设施，进而推进人民币的使用，从俄罗斯卢布和欧元中争得一些份额。

4. 西亚地区国际货币使用分析

西亚国家与欧洲在军事政治、贸易投资及文化交流等领域都有合作，在货币的使用上存在较强的历史惯性和路径依赖，所以欧元在西亚地区的影响力非常大。西亚地区位于亚洲、欧洲、非洲的交接地带，西亚国家的经济大多依赖石油出口和外国资本投资以实现经济增长，所以也受到美元的影响。西亚地区国家间的贸易货币中，美元占比达 31.9%，英镑占比达 2.4%，而人民币占比则非常低。虽然中国希望通过贸易、基建等方式增加与西亚国家的货币结算，但西亚国家对中国的贸易、基建等需求并不大，短期内在人民币的应用上很难有所突破。

5. 中东欧地区国际货币使用分析

中东欧地区的区域货币竞争主要是美元、欧元、俄罗斯卢布和人民币。中东欧地区国家在"二战"后受苏联的影响很大，俄罗斯也继承了对中东欧国家的影响力，所以俄罗斯卢布也是区域内重要的货币。随着欧盟和欧元区的扩大，中东欧国家的贸易和主要投资都来自欧盟国家，部分国家经济对欧盟的依赖度达到了 80%，使欧元在区域内的影响力逐渐增加。中国在中东欧国家的贸易结构中以中间品交易为主，受最终产品结算机制的影响，计价结算也往往使用美元；但是中东欧国家对"一带一路"的基建欢迎程度很高，希望加强与中国的经济贸易合作，能够进一步带动人民币在区域内的应用。

从前文可以看出，"一带一路"国家的国际货币储存和使用过程中，美元占比最多，欧元次之且上升趋势明显，日元有所下降，而人民币的占比较小，在2020 年新冠肺炎疫情的影响下有所增长。受到国际货币的锚定效应和国际贸易惯性的影响，尽管我国与"一带一路"沿线国家保持可观的贸易投资往来，但却很难改变现有的国际货币结算体系，也难以扩大人民币的使用；所以需要我们加强与"一带一路"沿线国家在全方位领域的合作，根据各国的经济优势和国家合作倡议，从中寻求与我国合作的基础，从而增加人民币的使用区域和范畴。

第三节　法定数字货币对人民币国际化和 "一带一路"的影响

数字人民币是有中国国家信用背书的，具有法偿性，也可以理解为人民币的电子版。我国法定数字货币的研发，基本完成了顶层设计、标准制定、功能研发等工作，处于世界领先水平，应以"一带一路"建设为契机，借助货币领域的技术创新手段，积极推动人民币的国际化信用，构建以人民币为中心的互联网货币金融体系。

一、中国为什么要发展数字货币

互联网和金融产业的融合发展已经有了非常成熟的商业模式、技术实施路径和实战案例，展望未来，区块链技术的应用将是金融科技的中坚力量。区块链技术将数据区块以时间顺序依次相连，组合形成分布式的链式数据结构，以加密的方式保证数据不可篡改和不可伪造，与金融的信息安全、交易数据溯源等要求高度契合，是数字货币的金融科技基础。

1. 什么是数字货币

电子化货币是相对于纸币而言的电子化形态的货币，国际清算银行将其分为两类：一类以 Account（账户）为基础，如银行存款等；另一类以 Token（区块链经济中的代币、权益凭证）为基础，即加密数字货币。比特币等数字货币是指加密数字货币，是区块链技术在金融领域实施和应用的典型案例，一定程度上具备货币的使用价值，但其不具有国家信用的法定性和强制性。从使用价值的角度来看，数字货币和纸币相比，不仅没有本质的区别，而且还能降低发行和运营成本，能更好地进行数据溯源追踪以及对应的宏观金融监管。

大卫·伯齐在《货币冷战》一书中，提出了来自私人的数字美元 Libra 与公共的数字人民币 DC/EP 之间在未来的国际货币市场上的竞争。中国人民银行采用的是公共的数字人民币 DC/EP 路线，DC/EP 可以理解为纸币的数字化，数字化的 DC/EP 只与区块链上的一个地址相关，是相对央行的负债（银行存款是相对商业银行负债），DC/EP 相比商业银行的存款单信用更高。

2. 我国数字货币发展进程（见表 7 - 2）

中国人民银行对比特币等私人部门类数字货币实行严格监管，并同步研发法定数字人民币。我国法定数字货币基于国家信用支撑发行和流通，在各环节运用密码学技术、分布式账本技术、大数据技术和条件触发机制等最前沿金融科技，将继续沿用现行的"中央银行—商业银行"的二元体系，即由中央银行发行，由商业银行向社会提供数字货币服务。中国可能是第一个发行主权数字货币的国家，当前的共识是 DC/EP 对现金的替代，DC/EP 数字人民币只用于零售场景，对不同认证级别的 DC/EP 的钱包账户实施额度限制，主要影响的是交易清算环节。

表 7 - 2　中国人民银行数字货币发展进程

时间	重要事件
2014 年	中国人民银行发布了《关于防范比特币风险的通知》，认定比特币为虚拟资产，不具有货币属性，并实施异常严厉的监管
2014 年	中国人民银行专门成立了数字货币研究小组，论证并启动法定数字货币研发工作
2015 年	中国人民银行成立了数字货币研究所，对法定数字货币发行、业务运行框架以及多场景应用等关键技术开展研究
2018 年 1 月	中国数字票据交易平台成功试运行，标志着中国法定数字货币的理论和实务研究已经居于全球领先水平
2019 年 10 月	中国人民银行行长易纲在《中国金融》发表文章指出，我国积极推进法定数字货币（DC/EP）研发，并取得重要进展
2020 年 4 月	中国人民银行开发的数字货币 DCEP 在中国农业银行进行内部测试
2020 年 7 月	商务部印发《全面深化服务贸易创新发展试点总体方案》明确，在京津冀、长三角、粤港澳大湾区等地区开展数字人民币试点
2020 年 10 月	中国人民银行深圳支行在深圳开展数字人民币红包线下应用研发测试工作

资料来源：根据新闻整理。

现有的纸币货币一旦进入了市场流通，就很难进行追踪，使得央行很难有的放矢地制定相应的货币政策和调节货币的流通量，只能进行总量控制，这很难让货币政策与货币供给之间精准有效。数字人民币不仅发行成本低，且交易更便捷，更能在技术的监管下实现货币的安全性和稳定性。相对于国家管理层面，最重要的是可以实现货币流向的可追踪，利用大数据能够更好地追踪洗黑钱和影响汇率市场波动的资金异动，能够更好地从宏观的角度来制定相关方针政策，有利于我国资本账户的进一步开放。

DC/EP 数字人民币用户的电子支付习惯已被支付宝、微信支付等在线支付工具培养起来了，对消费者来说，DC/EP 数字人民币并没有多大的颠覆性可言，相当于多了一个数字货币钱包。DC/EP 数字人民币对外可以提升人民币国际化实力，与 Libra 数字美元竞争国际货币市场；对内可以抵御国外数字货币 Libra 与我们的竞争。

二、数字人民币对人民币国际化和"一带一路"的影响

人民币的国际化流通使用，需要在国际贸易中以人民币结算的交易有一定比重，在国际金融投融资中以人民币计价的金融产品能够成为国际金融机构的投资工具等条件；如果使用数字人民币将更快地提高跨境结算速度及其安全性。数字人民币在"一带一路"倡议的助推下，通过融入国际贸易规则和国际货币金融体系，为世界各国尤其是"一带一路"沿线国家提供了以强大主权信用为支撑的优质国际货币选择，进一步推动实现国际货币体系多元化，体现在以下几个方面：

1. 数字人民币的国际化应用，有助于维护我国的货币政策稳健和金融体系安全

在中国经济稳健发展的前提下，人民币国际化的关键是货币价值稳定才能稳住国际社会预期，有助于人民币成为国际支付、结算、投资和储备货币。法定数字货币作为更安全的电子支付工具，由中央银行作为法定数字人民币的发行人，能够加快金融资产转换的速度，可以直接穿透到最终用户，有利于实施穿透式管理和统计分析，加强货币政策制定和执行的科学性，有利于我国货币政策的稳健性和金融安全。由于资本账户开放直接关系到人民币的可自由兑换，存在一定的金融系统风险，通过数字货币的可追踪性能够很好地管控资本账户开放的风险，有利于央行能够高效地出台相应管理政策。

2. 通过"一带一路"倡议的推广，对接国际规则和法治合作，数字人民币有助于人民币从国际法角度得到国际社会的认同

目前，国际大多数国家认可由中央银行主导的数字货币框架，并对数字货币的国际法治规范高度重视。二十国集团金融稳定理事会对数字货币等加密资产的风险进行了评估，确定了 25 个国家共 94 家加密资产监管机构，以及 7 个相关国际组织的名单和职责。其中，我国网信办、工信部、公安部、人民银行、银保监会和证监会被列为加密资产监管机构。法定数字货币成功发行将是人民币从国际规则和法治合作角度实现"弯道超车"的又一重要契机。

3. 在"一带一路"的贸易投资过程中，数字人民币的便捷性和安全性，有助于完善人民币跨境支付系统，提升跨境投资和贸易中的人民币比重

欧洲 16 国在 1950 年通过成立欧洲支付联盟，有效解决了货币支付、结算和兑换等问题；美国的清算所银行同业支付系统（CHIPS）和环球同业银行金融电讯协会系统（SWIFT）为提高和巩固美元的国际地位作出了决定性贡献。我国的法定数字货币采用"一币两库三中心"的体系架构，法定数字货币的发行流通，有助于我国加快人民币跨境支付系统（CIPS）等金融基础设施建设，将人民币交易系统的报价、成交、清算以及交易信息发布等功能扩展到全球的金融机构，加快形成支持多币种结算清算的人民币全球化支付体系。

从国际贸易和投资中的不同货币的使用程度来看，截至 2019 年 6 月，美元、欧元、英镑、日元和人民币各自所占份额分别约为 40.1%、33.74%、6.63%、3.73% 和 1.99%。国际支付市场的货币使用有着明显的使用惯性和路径依赖，全球大宗商品以美元计价结算，这是基于美元的安全性和全球支付结算系统以及发达的金融产品体系，国际支付市场的货币使用格局在中短期内很难会有根本性变化。法定数字人民币为优化跨境投资和贸易中的货币格局提供了机遇，能够显著提升跨境投资的安全性和贸易便利化水平，将是改变国际支付货币格局的突破力量。

4. 数字人民币能够全面提升央行管理货币体系的效率和能力，加强"一带一路"沿线国家的金融合作和金融安全

从历次国际金融危机来看，在逐利资本的驱动下，全球金融开放与金融安全不能得到合理兼顾。法定数字货币赋予货币独一无二的编码，可以准确溯源货币交易流向等重要信息，不仅可以有效防止洗钱等犯罪行为，还可以提高货币当局

的宏观审慎管理水平和微观金融监管措施的准确性，使货币政策的传导机制更加高效，特别有助于各国共同加强跨境资本流动管理。法定数字货币有利于国际社会在资本流动、金融创新和监管等方面加强合作，提升维护全球金融安全的合作水平，也同步提升了中国央行在跨境支付、跨机构支付、清算结算的效率，进而提升国际社会对人民币的信任和接受程度。

风险和挑战并存，数字货币的落地一定是风险和机遇并存的，我们需要时间和空间去探索发展和修正。随着我国国际影响力的不断提升，数字人民币将成为人民币国际化的重要推动力量，利用国家主权信用背书，让数字人民币成为人民币国际化的重要支撑，中国数字货币将成为人民币国际化的重要里程碑。

第四节　推进人民币国际化和"一带一路"建设的具体措施

国际货币体系的形成是历史演进的结果，从历史上国际货币主导者英镑、美元、欧元、日元等来看，在其国际化的过程中都深受政府的主导和政策的影响，不同国家的货币政策措施对本国货币的汇率及国际化进程影响不同。人民币国际化是我们国家长远的发展合作倡议，这个过程是一个长期的、渐进的、有着机遇期的推进过程。

一、扩大国际贸易和投资领域结算人民币的使用

在国际贸易和投资领域结算使用人民币的多少，取决于中国的经济和金融实力，保持中国经济、金融的稳定发展，是人民币国际化的基础。在此基础上，围绕制造业强国建设和贸易强国建设，以科技创新为基础，提升"一带一路"倡议优势。以创新科学技术革命促进具有国际竞争力的制造业产业集群的形成，由传统的劳动密集型向资本技术密集型产业转变，增强在贸易中的商品定价能力和结算货币服务能力，能够更好地推进国内产业结构调整，提高我国在国际上的产业分工地位。

二、发挥自贸区金融市场"资本蓄水池"的功能

通过建设自贸区内的人民币离岸金融市场，发挥自贸区金融市场"资本蓄水池"的功能。目前，我国在跨境贸易的结算中还未实现人民币的可自由兑换，在国际收支的资本项下属于实质性管制；这就造成一方面通过贸易顺差形成了规模巨大的海外沉淀，需要一个合理的金融市场供其投资；另一方面资本账户自由兑换的放开，会加大国内金融体系风险。基于这一困境，可以发挥自贸区特殊政策以实现"资本蓄水池"的功能。通过在自贸区建立境内的人民币离岸市场，有利于调节境内和境外的人民币资本流动，让人民币在自贸区市场沉淀，又可以拦截国际资本可能发起的对人民币的流动性冲击，还可以促进人民币在"一带一路"沿线国家结算、交易、投资和储备，推动人民币在离岸市场的使用和第三国的储备货币，推动人民币的国际化。

三、推进人民币在"一带一路"沿线国家地区成为区域化主导货币

利用全球区域经济一体化趋势，发挥中国经济在区域内的影响力，重点推进人民币在"一带一路"沿线国家地区实现区域化货币地位。"一带一路"建设与人民币国际化合作倡议目标协调一致，为人民币国际化搭建了良好发展平台和空间，有助于实现人民币国际化的路径突破。"一带一路"沿线国家地区的发展与合作，会带来大量的物流基础建设、能源贸易运输、产业科技合作及双边的贸易投资行为，会促进人民币的跨境投融资交易，从而增加人民币在区域内的流通和使用，也将助推人民币在大宗商品计价结算及电子商务计价结算等关键领域实现突破，促使人民币在这一区域化进程中发挥主导作用。

区域经济的一体化发展在全球化发展中是重要的一环，中国在推进东盟贸易圈、中日韩自贸区、上合组织经贸合作等区域经济一体化进程中，争取与部分贸易投资伙伴在跨境投资和贸易、基建等项目中，尽量使用人民币进行支付和结算。

在区域经济合作发展过程中，深入推进与石油、天然气输出国的贸易交流，同时利用好我国光伏清洁能源产业链优势，争取在能源结算上使用部分人民币。

四、加大金融改革和资本账户开放力度

利用数字货币的可追踪性，加大金融改革和资本账户开放力度，拓宽人民币跨境流动和离岸市场渠道，有利于推进人民币国际化，提升"一带一路"倡议中我国的投融资优势。我国人民币目前已经可以通过跨境贸易结算、跨境直接投资和证券投资等方式跨境流动，但在目前的汇率制度和资本项目下对人民币的跨境自由流动仍然有很多限制之处。通过自贸区的优惠政策，可以扩大国内的人民币离岸市场，促进资本项目下人民币的自由兑换，拓宽人民币跨境流动渠道和增强流动性。在资本监管的安全方面，可以通过发行数字人民币的可追踪性，建立人民币跨境流动监管体系，降低金融风险和资本跨境流动风险。

五、建立完善的人民币国际回流和循环机制

建立完善的人民币国际回流和循环机制，实现人民币海外投融资与国内金融市场的良性循环。在国与国之间的贸易投资过程中，如果人民币在国际离岸市场上的数量过大，会导致人民币的汇率波动风险过高，导致降低其他国家将人民币作为储备货币和结算货币的信心；因此要建立完善的人民币回流机制，通过建立人民币的海外理财产品或者发行海外人民币债券等方式为国内企业融资，进而还可以降低国内企业的融资成本利好产业发展。

人民币的国际回流和循环机制，可以借鉴美元的国际化方式，促使人民币海外离岸市场的良性循环。在"一带一路"国家对中国的进出口贸易和投资中，积极推动优先使用人民币计价，发挥人民币的融资货币属性，提升人民币在沿线国家外汇储备中的份额，提升人民币的国际化水平。

六、推动人民币在"一带一路"沿线国家成为储备货币

通过货币互换和投融资机会，在贸易投资结算货币的基础上，推动人民币在"一带一路"沿线及周边国家成为储备货币。在与"一带一路"沿线国家的双边贸易投资和货币互换协定中，优先使用人民币，在多边自由贸易谈判中增加人民币计价结算和人民币投融资的条件。中国与"一带一路"沿线国家货币互换协议实现了中国与周边国家的双赢，可以适度减少全球金融危机导致的国际汇率结算损失；同时也可以促进中国的贸易伙伴在采购中国商品时使用人民币，进而减

少贸易双方汇率波动风险的影响，也增强了人民币在国际上的储备功能。通过亚洲投资银行、丝路基金及海外投资基金等机构的对外投资业务中使用人民币结算，增加中资银行的境外分支机构设立，以及前沿科技项目技术以人民币进行直接投资或购买，进而促进国际市场接受并认可人民币的使用和储备，推动实际意义上的人民币国际化。

七、构建以人民币为中心的互联网国际货币金融体系

利用数字人民币的创新变革机遇期，以"一带一路"建设为契机，充分发挥金融科技的先发优势和比较优势，在国际货币市场积极推动人民币国际化，发挥人民币跨境支付系统（CIPS）的价值，构建以人民币为中心的互联网国际货币金融体系。

以发行法定数字人民币为契机，在条件成熟的"一带一路"沿线国家打造多元化的人民币离岸市场，提供双边贸易中的支付、结算、信贷等基础性金融服务，提供双边投融资中国的金融产品和衍生品业务等综合性金融服务，引领全球金融创新。CIPS 系统的构建，对促进境外人民币回流循环、离岸人民币的融资定价等国家合作倡议布局的影响深远，在 CIPS 系统中融入数字人民币的流通，对中国金融市场的安全性和独立性，以及资本项目下的进一步开放意义重大，是人民币国际化的重要支撑。

"一带一路"倡议是习近平总书记高瞻远瞩，对国际政治外交、经济金融等多方面考量判断的基础上提出的一项深远影响中国未来的伟大合作倡议。人民币国际化关系到我国在国际货币体系中的话语权和长远经济利益，推动人民币国际化有助于实现世界经济再平衡。中国应当抓住科技金融革命和"一带一路"倡议的机遇期，整合各方面的政策资源，推动人民币国际化迈入新阶段。

第八章 "一带一路"财富管理与金融科技

金融科技（Fintech，是 finance 与 technology 两个词合成的）是金融与大数据、云计算、人工智能、移动互联网、区块链等新一代信息技术相互融合创造出的新的业务模式、应用、流程或产品。金融科技可运用信息技术思维和手段重塑并创新金融服务机制，因而会对财富管理形成重大影响。

第一节 金融科技在财富管理中的应用

近年来，金融科技的发展开启了财富管理的新时代。大数据、云计算、人工智能及区块链等技术日臻成熟并应用于财富管理领域，节约了成本、降低了风险，促使财富管理进入新的发展阶段。

一、大数据与财富管理

传统的财富管理机构以银行等金融机构为主体，很难根据个人的风险偏好提供理财建议，信息不透明，偏重线下，更看重高端客户，不仅成本比较高，而且无法及时了解客户的行为习惯和想法的转变，对客户的真实需求进行有效的创新，从而财富管理的产品相对单一，不能充分满足客户的财富管理的需要。从目前的情况来看，以银行为主体的传统的财富管理机构，也看到了数据以及客户的重要性，开始积极地争抢那些之前从不"入眼"的散户以及小额的资金。未来的财富管理必然是朝着基于大数据的互联网金融管理方向发展的,因此以银行为主体的传统的财富管理机构,也必须要创新自身的数据和客户的发展渠道,提高自身的竞争力。

实现大数据驱动的理财模式,即以大数据驱动的、端对端的、客户随时都可以来管理其资产组合的理财模式。这种模式用大数据的思维来看,从理财服务提供端,无论是银行,还是专门的理财公司,有两个部分:一个是产品,它给客户提供的是不是定制的个性化产品;另一个是服务,它给客户提供的服务是不是一个互动的模式,当你对投资有疑问的时候能否及时找到答案。还有一个就是从投资人的角度,对用户来说能否实现投资的智能化与自动化。即大数据驱动的个性化财富管理中的产品设计与服务推送、个性化定制与智能互动等核心问题。

建设以大数据为基础的互联网金融平台,一方面,致力于为金融行业提供产品服务,不断进行产品拓展及特色理财创新探索;另一方面,以大数据为基础,实现专业服务能力系统化输出,进行用户财商教育,让理财变得更简单。在金融科技时代,用户需求被财富管理市场重视的程度越来越高。而智能财富管理平台则以金融属性数据为主,同时参考消费记录、朋友圈、社交行为、移动设备数据、填写时间和习惯等多种行为数据,对用户进行多维度识别,对风险进行充分揭示,能够客观、高效率地满足用户的资金需求。从技术应用层面来看,金融科技实质就是利用大数据和算法做判断、预测和优化。基于用户的信息建立一套完整的用户画像,然后基于用户画像,利用机器学习搭建优化的模型,可以对用户进行精准分级和行为预测,从而实现精准营销,提升用户体验和运营效率;将大数据技术应用于量化投资领域,结合传统投资理论和数据挖掘技术,有效提升量化投资策略表现。互联网金融企业收集关于用户的广泛数据并基于一定的算法对用户进行反欺诈和风险定价。在此基础上,金融企业能够实现"数据—算法—客户—数据"的闭环。财富管理平台的价值不仅在于开发优质产品,更在于通过专业的团队、互联网大数据的方式,根据用户需求和画像,提供量身定制的资产管理解决方案,同时满足其对投资收益及流动性要求。为平台用户提供优质、高效的财富管理服务,助力平台用户实现稳定、安全的财富增值。

二、人工智能与财富管理

人工智能的发展影响了各行各业,对传统财富管理而言也是一个新的发展契机。财富管理行业容易生成海量、非结构化数据，通过对其进行实时分析，可以为互联网金融机构提供客户全方位信息，通过分析和挖掘客户的交易和消费信息掌握客户的消费习惯，并准确预测客户行为，使金融机构和金融服务平台在营销和风险控制方面有的放矢。

与传统财富管理模式面临的风险与难题相似，消费金融中的风险主要包括信用风险与欺诈风险两大类。以人工智能技术为代表的财富管理提供了智慧的风险控制解决机制，具体体现在以下几个方面：

第一，针对信用风险，基于人工智能、互联网技术，通过大数据背景下的个人信用信息的整合，为信用风险的解决提供了可能的途径。

第二，针对欺诈风险，部署以人工智能技术为基础的智能风控体系。

除上述风险外，还存在资金流动性风险，互联网财富管理在一定程度上改变了传统融资方式资金来源单一，进而造成资金池较浅及由环境因素等可能导致的流动性风险问题。

通过引入互联网财富管理模式，不仅有利于资金供给方范围的扩大，同时也有利于资金需求方的扩大。对于互联网财富管理而言，这一点尤其重要。传统小额贷款公司等金融机构受到商业银行准入和我国证券市场严格管制的限制，资金来源渠道有限。同时，对于广大非富裕人群而言，日常储备资金的投资途径也十分有限。以余额宝与理财通为代表的互联网理财产品的出现为互联网金融提供了资金的来源。这样，通过将互联网支付的沉淀资金转化为可供借贷投资使用的资金，扩充了资金池。通过规模巨大的资金来源与依据大数据计算的错配系统，解决了流动性与资本压力的问题。在余额宝等 T + 0 模式的理财产品的基础上，支付宝体系还进一步推出了招财宝等更高利率的理财产品，通过在统一系统内的操作，丰富了"长尾"用户日常沉淀资金的投资途径。这些无疑都进一步促进了互联网财富管理本身对资金池与流动性要求的满足。

三、区块链技术与财富管理

区块链因解决了有价值信息的传播和去中心化问题而被誉为是"下一代互联网"。根据统计，2012 ～ 2015 年，全球区块链领域吸引的风险投资增长超过了200 倍，投资额从 2012 年的 200 万美元增加至 2015 年的 4.69 亿美元，累计投资达 10 亿美元左右。区块链可广泛应用于支付汇兑、登记结算、知识产权保护、身份认证、防伪与供应链、物联网等诸多领域，未来发展将对财富管理产生深远影响。

区块链技术是一种构建在点对点网络上的全新分布式基础架构与计算范式。区块链中的交易数据是通过链式结构存储并验证，各节点利用共识算法共同参与并管理和监督数据的更新，节点间通信传输数据内容通过密码学加密提高安全性，利用脚本化代码组成的智能合约来编程和操作数据。具有去中心化、开放性、自治性、信息不可篡改和匿名性等特征。

分布式账本作为区块链技术的核心，可以实现多个不同的节点共同完成交易和记账的过程，并且在每个节点中都详细记录着账本，因此它们都参与到了交易的过程中，起到了监督记账的合法性。区块链中的各个节点存储都是独立的、地位等同的，通过共识机制确保存储数据的一致性。区块链中没有中心节点，节点间相互独立互不干扰，节点的退出和故障都不会影响到整个链。另外，非对称加密作为区块链技术的重要手段，可以实现对账户身份信息进行加密和认证。

第二节　金融科技对"一带一路"财富管理的影响

"一带一路"建设为金融业提供了巨大的发展机遇，越来越多的金融机构通过金融科技，在提升核心业务能力的同时，也推动着数字"一带一路"的建设。

第四次工业革命是继蒸汽技术革命（第一次工业革命）、电力技术革命（第二次工业革命）、计算机及信息技术革命（第三次工业革命）之后的又一次科技革命。第四次工业革命，是以人工智能、清洁能源、机器人技术、量子信息技术、可控核聚变、虚拟现实以及生物技术为主的技术革命。在这一视角下，金融科技的异军突起，显得十分耀眼。"一带一路"建设为金融业提供了巨大的发展机遇，越来越多的金融机构通过金融科技，在提升核心业务能力、业务效率、用户体验，降低风险与成本的同时，也推动了大数据、云计算、智慧城市建设，连接成 21 世纪的"数字"丝绸之路。

一、金融科技使支付更便捷

1. 金融科技驱动支付介质形态从有形到无形转变

支付介质是支付交易的重要基础，信息技术的发展和社会环境的进步推动支付介质从物品到货币再到数字化演变。20世纪80年代以来，基于磁条、集成电路的银行卡在全球快速普及，逐渐取代现金、支票成为重要支付工具。随着互联网技术的发展，支付要素演化为一串串的数字化信息，"潜身"于手机、手环等具备信息处理功能的智能终端中，移动支付成为用户享受支付服务的新途径。近年来，新一代人工智能技术逐渐成熟，生物特征开始用于标识用户身份，成为关联支付账户的新媒介，生物特征支付已经开始并可能成为未来支付发展的重要方向。

2. 金融科技促进支付服务渠道从线下到线上发展

支付服务渠道是触达用户的主要途径。传统支付交易通常以柜面、ATM、POS机等为"主战场"，需要用户在线下固定地点、使用专用设备完成，灵活性较差。金融科技创新为支付服务"插上翅膀"，助力服务渠道向线上迁移。互联网迅猛发展和移动智能终端广泛普及使移动生活方式成为现实，远程无障碍信息交互让支付交易方在网络渠道"天涯若比邻"，任何时间、任何地点都能完成支付交易。总体而言，金融科技推动支付服务从线下进军线上，重塑支付服务渠道，推动支付服务体系更加完善。

3. 金融科技推动支付身份认证从繁复到便捷演进

身份认证是支付交易的关键环节，是保护用户资金和信息安全的重要"闸门"。传统银行卡支付为保证交易真实性和不可抵赖性，需要消费者在支付受理终端输入密码并在签购单签名认证，流程较为烦琐、操作相对复杂。近年来，短信验证码、数字证书、动态令牌、客户行为应答挑战等新型身份认证方式逐渐出现，不同程度地提升了用户支付体验，满足不同应用场景下多样化的支付需求。未来，基于声纹、人脸、虹膜等生物特征的身份认证方式可能逐步应用，用户眨下眼、说句话即可完成支付交易，而更便捷高效的支付身份认证则更是指日可待。

4. 金融科技引导支付服务系统从分散到集中管理

业务系统是支付服务健康稳定运行的基础支撑和重要保障。人民银行与时俱进，始终秉持"统一、高效、安全"的原则持续推进我国支付系统现代化建设。大小额支付系统、网上支付跨行清算系统的建成，实现商业银行"一点接入一点清算"，交易时间从"天"降到"秒"级，推动我国支付清算跨越式发展。银行卡跨行转接清算系统的建成，支撑银行卡跨机构、跨地域使用，有效解决"一柜多机"现象，为老百姓提供更便捷的银行卡支付服务。非银行支付机构网络支付清算平台的建成，集中对接商业银行和支付机构，打破了 M×N 多头连接乱局，实现网络支付资金清算的集中化、规范化、透明化运作。人民币跨境支付系统（CIPS）的建成，助力清算结算服务更稳健、更便捷、更高效，拓宽金融市场对外开放渠道，为人民币国际化和"一带一路"建设打下坚实基础。

立足金融科技，中国银联持续在"一带一路"沿线加大产品普及与创新力度，强烈地刺激着周边经济的发展。依附互联网技术的发展，"一带一路"沿线金融服务的能力得到快速进步。第三方支付也为"一带一路"沿线金融进步与发展提供坚实的技术支持。

二、金融科技使融资更顺畅

据零壹智库不完全统计，2019 年全球金融科技领域至少发生 1166 笔融资（另有 55 笔并购），较 2018 年减少 46 笔；公开披露的融资总额约为 2619 亿元，较 2018 年减少 1212 亿元。全年融资数量和金额的峰值均出现在 7 月，有 134 笔融资，涉及金额 419 亿元。

中国有 285 笔金融科技融资事件，占全球的 24.4%；美国和英国各有 273 笔和 128 笔。美国公开披露的融资总额为 744 亿元，占全球的 28.4%，遥遥领先于第二位的中国（656 亿元）以及第三位的印度（384 亿元）。

网贷和区块链热度贯穿全年。前者有 110 笔融资，总额在 487 亿元左右；后者有 258 笔融资，总额约 136 亿元。汽车金融热度攀升，全年虽仅有 30 笔融资，但涉及资金总额达到 149 亿元。

立足金融科技，为"一带一路"建设创造稳定的融资环境，积极引导各类资本参与实体经济发展和价值链创造，推动世界经济健康发展。目前，已在 7 个沿线国家建立了人民币清算安排，有 11 家中资银行在 27 个沿线国家设立了 71 家一级机构。继续深入开展"一带一路"投融资合作成为中国人民银行 2019 年度的一项重点工作，包括要深入参与国际经济金融治理，支持企业真实、合规对外投资，推动"走出去"高质量发展。

目前，金融技术在跨境供应链整合、贸易风险管理、运输方式多样化、贸易产品升级、数字化加工等方面，已惠及"一带一路"沿线乃至全球贸易的发展。

一是发挥自身在产品体系、线上服务、科技创新、国内外网络布局等方面的优势，推进"一带一路"建设中银行间常态化合作机制。例如，截至2018年6月，中国工商银行已在"一带一路"沿线20个国家和地区设立129家分行，支持"走出去"项目393个，累计贷款金额约1028亿美元。仅2018年上半年，"一带一路"项目新增贷款就达50笔，贷款金额达110亿美元。

二是促进人民币的广泛使用。例如，中国银行利用全球化和海外人民币清算银行加强服务，并在东盟10个国家建立了机构。

三是打好业务聚合的全方位服务牌。比如中信银行利用金融技术、机构业务、投行业务不断丰富产品体系，逐步走向海外。2018年，平安金融新加坡银行正式开业，从新加坡市场起步，逐步向东南亚乃至亚太市场辐射。其中，金融一号通已建成由香港金融管理局牵头的全球首个区块链交易平台"贸易联动"。

四是中外银行合作推动沿线实体经济发展。2019年4月，在中国银行主办的全球国际商会2019年银行业委员会上，中外银行表示将加强合作，参与"一带一路"建设，在项目融资缺口、信息共享、第三方市场开发等业务领域开展深入合作，共同解决问题和挑战，创造双赢机遇。同时，相互借鉴，深化大数据、人工智能、区块链等新型技术手段在贸易金融领域的应用，不断提升金融服务的绩效。

"一带一路"项目巨大的融资需求为世界上所有的资本提供者提供了机会，包括投资银行、基金、多边金融机构、出口信用保险机构（ECA）、保险等。花旗银行与国内几家大银行签署了"一带一路"特别协议，旨在深化优势互补，更好地服务"一带一路"沿线的项目和客户。德意志银行还与中国工商银行、中国进出口银行和中国开发银行合作，进一步扩大"一带一路"合作，整合沿线金融资源和金融技术经验。

三、金融科技使投资更高效

目前，整个互金行业市场规模巨大。在科技飞速发展的今天，如何结合金融技术，做出更大的产出来促进产业的发展和"一带一路"政策的实施是非常关键的。

第一，推进双向人民币投资业务平台建设。自2015年中国银行提出"一带一路"金融大动脉构建以来，已成为"一带一路"主题债券发行数量最多、规模最大、范围最广、币种最丰富的金融机构。2019年，中国银行已成功发行5期"一带一路"主题债券，包括7种计价货币，募集资金超过100亿美元。

第二，金融技术推动绿色投资。世界资源研究所最近对"一带一路"沿线国家投资的研究表明，中国私营企业投资的64%进入了可再生能源领域。2019年4月16日，工行成功发行首只绿色"一带一路"银行间正常化合作债券，等值22亿美元。此次发行包括人民币、美元和欧元三种货币，旨在进一步发挥金融服务"一带一路"的作用，促进沿线国家和地区金融市场的共同繁荣。

第三，金融科技公司直接投资沿线市场。以蚂蚁金服、腾讯金融为首的中国金融科技企业纷纷布局东南亚市场，进行战略投资。2015年，蚂蚁金服完成了对印度最大的电子钱包Paytm的投资，之后与泰国的AscendMoney和菲律宾的Mynt合作，深化电子支付领域的合作。腾讯金融与总部设在香港的金融科技公司EMQ达成合作，后者在东南亚拥有监管审批和银行合作。值得注意的是，东南亚市场最大的在线消费金融平台、印度尼西亚消费分期公司Akulaku宣布完成蚂蚁金服牵头的1亿美元D系列融资。

四、金融科技使保险更可获

"一带一路"倡议提出以来，保险业充分发挥风险预警、风险管理功能，护航中国企业"走出去"。保险业与"一带一路"各行业的跨界融合不断加速。金融科技可以逐步整合上下游产业链，为保险客户提供一站式保险服务解决方案。

一是与地方合作。有研究称，数字科技是提高东南亚地区保险普及率的"最有希望的办法"。2019年1月，众安国际宣布与东南亚地区最常用的O2O移动平台Grap成立合资公司，搭建数字化保险销售平台。

二是保险保障多方合作。除多路径、多角度参与"一带一路"建设外，人保财险、平安保险等还致力于整合全球第三方服务资源，建立移动产业支持工具，健全科技和管理支持体系。平安产险、中国财产再保险联合有关机构共同发起护航"一带一路"保险生态联盟，通过整合保险、再保险、公估、保险经纪、危机处理、理赔服务等保险服务细分领域全产业链资源，创新服务模式，共享科技资源，为"走出去"企业提供风险管理全方位服务，也提升了中国保险业在世界范围的服务能力。

第三节 促进金融科技为"一带一路"财富管理服务

在全球化进程面临挑战的今天，各方都在寻找开放与合作的新生力量。而近些年蓬勃发展的新一代信息技术，不仅在改变着人们的生产生活、工作方式，也在不知不觉间通过与金融等产业的深度融合，架起促进对外开放与国际合作的新桥梁。这样的变化，已经在"一带一路"国际合作中逐渐显现。由于"一带一路"沿线各国对基础设施建设、商贸往来有着巨大的需求，装备进出口、金融服务、跨境贸易等领域都是国际合作的重要方向，同时也是人工智能、大数据、云计算、区块链、生物识别、5G 等新一代信息技术的重要应用场景。

其中，金融科技的应用最引人注目。近年来，随着科技的不断发展，人工智能、云计算、大数据、区块链等金融科技手段得到广泛应用，中国的金融服务变得更加智能、便捷、高效：通过对用户的大数据分析，开展精准的商业营销与客户管理，降低获客成本，提升风控质量，扩大金融服务的覆盖范围。在"一带一路"国际合作日益成为共识的今天，此类变化正在朝着这一方向演进。打通底层数据、建设技术合作平台、共建国际服务网站、服务国际投融资项目，金融科技正以细致入微的行动力量，为"一带一路"建设中的物流、信息流、资金流提供更高维度的支持和保障。

一、夯实信息基础设施，缩小数字鸿沟

中国不仅在公用事业、能源、交通等领域的基础设施建设水平世界领先，而且在新一代信息技术领域也同样具有世界竞争力。可以将"一带一路"建设作为中国"互联网＋"行动计划的延伸，在传统基础设施建设的同时积极推进5G移动通信、云计算、大数据等新一代信息技术基础设施建设，为电子商务和金融科技的触角沿着"一带一路"延伸和发展创造条件。将发展中国家传统经济和金融服务体系落后的劣势转变为推动数字经济发展的巨大优势，在"一带一路"

区域内建立起数字化的、面向未来经济的、全新的国际金融服务体系，推动沿线发展中国家实现跨越式发展。

目前"一带一路"基础设施建设注重的是长期性回报，主要是以国家主导、开发性金融机构提供资金支持、国有企业负责具体实施的建设模式。而新一代信息技术的提供者主要是民营企业，它们虽然非常关注"一带一路"建设，海外投资阻力也小，但出于对投资风险的担心而参与滞后。未来"一带一路"建设不仅需要政府政策支持，而且需要建立一个帮助民营企业对外投资的金融服务环境和信息交流机制，加强投资的协同效应，使信息基础设施建设与东道国实体经济发展形成良性相互促进的机制。

二、推动普惠金融发展，激发经济活力

"一带一路"沿线发展中国家的金融体系不完善，为关系国计民生的大型企业和重点项目提供金融服务尚显不足，更难以满足小微企业和个人消费的需求。电子商务在为小微企业和个人消费提供线上跨时空供需撮合平台的同时，也为金融科技发展提供了沃土。支付是最基础的金融服务，任何市场交易行为最终都要落实在支付清算体系上。数字支付是与电子商务最直接相关的金融服务。电子商务可以有效地推动社会大众对数字支付的认识和使用。有了数字支付的支撑，生活缴费、理财等金融产品就可以像普通商品一样在电子商务平台销售。而在电子商务中沉淀的海量小微企业经营数据和个人消费行为数据则为开展征信、小额信贷、保险等金融科技服务提供了基础数据，使金融科技可以惠及每一个人，特别是那些通过传统金融体系难以获得金融服务的弱势群体

三、促进经济社会改良，塑造经贸环境

"一带一路"沿线发展中国家的宗教、政治、经济环境复杂，军事冲突、经济动荡、金融危机时诱发廉洁的政治环境、社会信用文化，以及金融风险预警、缓释和分散机制。金融科技还具有改善社会微观经济环境的功能，而社会微观经济环境改善的点滴积累可以起到聚沙成塔，促进社会整体经济环境改良的功效。

数字支付不仅可以大大减少现金的使用，还可以使资金使用留痕便于追踪和分析，从而抑制经济腐败、洗钱、恐怖融资等非法活动。电子商务在为微观经济个体提供交易平台的同时，也提供了信贷、保险等金融服务，解决了小微企业融

资难、融资贵的问题，抑制了民间借贷的社会风险。电子商务沉淀的个体行为数据也是征信的基础数据，对在信用文化缺失的社会推动社会信用文化建设具有积极的作用。P2P和众筹为社会提供了小额投融资与支持大众创意的新途径，使社会大众生活可以更加聚焦于改善自身的经济状况。区块链技术建立的社会信用机制已经得到世界各地从政府到民众的普遍认同，在"一带一路"沿线政府信用和商业信用缺失的环境中引入区块链技术可以快速地建立起社会信用共识。

四、构建数字金服体系，推动数字经济

数字经济是通过互联网建立起的系统的、基础性的经济服务体系，离不开金融科技的支撑。基于新一代信息技术的数字经济，通过各种类型和来源的数据融合，可以在极度细微的微观个体层面掌握小微企业生产经营和消费者个性化需求信息，并以消费者需求为导向组织全球化生产和流通，推动全球供应链从传统面向大宗贸易的、单向的链式结构，向小额、实时、网状、协同的方向转变。此外，"一带一路"沿线国家基础设施高效互联互通，需要推动各个国家相互协作建设物流智能化、支付便利化、通关一体化的跨境贸易服务体系。

"一带一路"沿线发展中国家传统商务环境和金融服务体系发展滞后，给电子商务和金融科技带来发展机遇和空间。发展中国家传统金融服务发展滞后为金融科技发展减少了阻碍。金融科技在弥补传统金融服务缺失的同时，也推动发展中国家金融服务实现跳跃式发展，直接进入数字经济时代。金融科技可以构建起一个面向社会末梢的、全新的、数字化的金融服务体系，使每一经济个体都能受益于经济增长与金融发展。

五、完善金融监管机制，防范金融风险

"一带一路"沿线国家传统金融监管机制不健全，国家之间金融监管存在不相容、不相通的现象。在加大对"一带一路"沿线发展中国家金融支持力度的同时，还应推动金融监管合作，完善金融风险管理系统，防范或削弱潜在金融风险的伤害。从某种意义上讲，金融市场就是进行信息生产、传递、扩散和利用的市场，资本配置与金融监管本质上是信息收集和处理问题。云计算、大数据和人工智能技术可以对交易所、银行及其他金融机构的数据进行收集、整理和分析，通过交易、资金、仓储等多个核心维度实时或定期掌握企业生产经营状况、市场

供需、资金需求和使用状况等信息。基于新一代信息技术的金融科技有利于"一带一路"沿线国家监管体系互联互通，实时掌控全线跨境电子商务动态、经贸往来信息，以及国家政治、经济、商业运行状况，可以快速对宏观经济状况、金融市场状况、企业微观状况进行分析和评判，从而起到防范经济和金融风险的作用。

六、利用技术溢出服务"一带一路"发展

如果把"一带一路"放到更广阔的国际市场和更长远的发展愿景中考量，金融业在其中有着非常重要的意义。如何提升金融业服务"一带一路"建设的水平，是当下对科技手段更为现实的需求。联合国开发计划署发布的《中国企业海外可持续发展报告2017——助力"一带一路"地区实现2030年可持续发展议程》指出，技术对于推动实现东道国可持续发展目标的作用至关重要。"一带一路"沿线国家大多数都是发展中国家，产业技术基础较为薄弱，相对于在发达经济体更多采用的研发中心和孵化器等方式，中国海外投资企业所采用的直接技术咨询服务、合作生产、技术援助等技术溢出方式更为适用。

技术溢出，而不是传统的货物或资金溢出，正成为中国在"一带一路"合作与建设中新的特点。2018～2019年，以移动支付为代表的中国金融科技在便利本国居民以外，也探索出了可借鉴、可复制的技术出海模式，在东南亚等"一带一路"沿线国家和地区拓展更多可能。例如，蚂蚁金服通过输出安全风控、数据分析等移动支付基础技术，已经先后与印度、泰国、菲律宾、印度尼西亚等国家的合作伙伴展开合作，共同打造当地版支付宝。腾讯旗下的微信支付也在泰国获得快速发展，并给当地第三方服务商带来了更大的市场空间。

与以往的金融合作不同，金融科技领域的技术溢出与合作所带来的最直接好处，就是在相互尊重、共同发展的前提下，让金融服务更加普惠。仍以东南亚地区为例，该地区有人口6.2亿，其中大约有2.6亿成年人连银行账号都没有，更别提信用卡了。按照传统的国际合作方式，似乎没有金融服务的施展之地。但经过对近14亿人口市场的考验，中国的金融科技可以将这片看似"荒漠"的土地，变成普惠金融的"绿洲"。

目前，蚂蚁金服、微信等中国金融科技领军企业已经深度布局"一带一路"沿线国家市场。例如，蚂蚁金服与印度企业合作开发的"印度版支付宝"——

Paytm，在短短两年的时间内，就覆盖了 2.2 亿印度居民和超过 400 万的印度小微商户，成为仅次于支付宝和 Paypal 的世界第三大电子钱包。Paytm 的创始人兼 CEO 维贾伊·谢卡尔·沙玛这几年多次来中国"取经"，希望获得更多金融科技之"经"。在他看来，与蚂蚁金服等中国科技企业的合作，就像是上了一堂 MBA 课程。更多的商业合作、技术溢出，则将在未来的"一带一路"国际合作中，更加有效地帮助当地年轻创业者，服务当地普通百姓。

国家金融与发展实验室理事长李扬认为，"一带一路"合作需要基础设施建设先行，中国金融机构在其中必须起到雪中送炭的底层支持作用。"一带一路"更被认为是创新之路，要通过科技创新驱动发展，推动大数据、云计算、智慧城市建设，连接成 21 世纪的"数字"丝绸之路。作为一项国际合作倡议，"一带一路"的内涵不仅包括中国金融科技的溢出效应，也包含中国对国际金融与科技力量的开放、包容与合作。尤其是在改革开放 40 周年之际，金融业对外开放正在向纵深迈进，21 世纪的"数字"丝绸建设之路期待有更加深入、更加广泛的国际合作。

金融是现代经济的血液，与实体经济相互促进。在"一带一路"建设中发展金融科技，可以推动数字经济发展，自下而上激发经济活力，促进社会经济环境改良，形成面向数字经济的财富管理服务体系。

第九章 "一带一路"与公益慈善

公益慈善是财富管理的重要形式。近几十年来随着初次分配差距的扩大，以及以所得税和社会保障为主要形式的第二次分配日益难以满足社会公平可持续发展的要求，以公益慈善为主要形式的第三次分配日益上升到国家经济体制改革和国际治理层面，受到各国的普遍重视。"一带一路"倡议的开放、包容、均衡、普惠理念与公益慈善事业的理念高度契合。因此"一带一路"倡议的实施必然会推动公益事业的跨国发展，而公益慈善事业的跨国发展也有利于推动"一带一路"政策沟通、设施联通、经贸畅通、资金融通、民心相通等实践的发展。本章在梳理公益慈善、财富管理和"一带一路"逻辑关系的基础上，总结"一带一路"沿线国家公益慈善发展的特征，以及我国与"一带一路"沿线国家开展公益慈善合作的领域和路径。

第一节 公益慈善、财富管理与"一带一路"

一、公益慈善、财富管理及其国际化

中共十九届四中全会将慈善事业作为第三次分配的主要方式则是将慈善纳入社会基本制度，助推慈善事业发展的新动力。第三次分配在西方国家事实上已经运行多年。但第三次分配方式的概念最早是由我国经济学家厉以宁在其1994年

出版的《股份制与市场经济》中提出①。

初次分配是基于要素的市场价格分配国民收入，形成流量的收入分配和存量的财富分配格局。虽然初次分配体分配也关注公平问题，但主要以市场效率为基本原则。因此，需要国家和政府以强制性政策工具，对初次分配格局进行矫正和体现国家发展的意志。再分配的主要政策工具是所得税、遗产税和社会保障等制度，体现国家的强制性意志。第三次分配是国家支持和激励下的社会主体的自主分配机制。初次分配更关注效率，再分配更强调利用强制性来促进整体经济公平和正义，第三次分配则主要发挥社会成员更高的精神追求，在道德、文化、习惯等影响下，通过自愿性的民间捐赠、慈善事业、志愿行动等方式进行济困扶弱行为，是对初次分配和再分配的重要补缺和补充（杨斌，2020）②。初次分配主要关注的是生产、分配、消费和再生产过程中不断创造财富；再分配通过公权力强制介入财富的分配，偏重于消除贫困、兜底弱势群体和保障人们基本的生存发展权；第三次分配则关注财富的用途并致力于其优化和升维，不仅要解围纾困，更要提升社会总体福利和人类生活的层次（王名等，2020）③。随着国民财富的增加，公益慈善必然会成为高净值群体管理财富的重要途径。

慈善信托是公益慈善与财富管理链接的通道，也是推动公益慈善事业国际化发展的重要依托平台。慈善信托的运行机制是委托人依法将其财产委托给受托人，受托人根据委托合同贯彻委托人意志，并以其名义进行管理和处分，从事慈善活动（杨团，2019）④。信托本质上是一种财富管理行为，是重要的金融形式。慈善信托主要体现在公益使用的慈善目标和领域上，作为财富管理主要形式的信托仍是其运营的基本原则。

现代慈善信托发源于英国，是从"用益"制度演化而来的。用益制度在一定程度上实现了所有权、经营权和收益权的分离。该做法后来受到《衡平法》的认可，并逐渐发展成为现代慈善信托制度。伴随着英国的殖民扩张，公益慈善也不断向其他国家和地区扩张，并成为全球公益慈善事业发展的主要形式。慈善信托制度在传统的捐赠—慈善组织发放救助款（物）链条中插入了市场机制和

① 厉以宁. 股份制与现代市场经济［M］. 南京：江苏人民出版社，1994：189.
② 杨斌. 第三次分配：内涵、特点及政策体系［N］. 学习时报，2020－01－01.
③ 王名等. 第三次分配：理论、实践与政策建议［J］. 中国行政管理，2020（3）：104.
④ 杨团. 中国慈善发展报告（2019）［M］. 北京：社会科学文献出版社，2019：270.

金融机制。一方面推动慈善从个人或组织的个体行为转变为一种市场经济机制，明确了委托人、受托人、受益人、监察人、保管人、项目执行人等主体的角色定位和权利义务。慈善信托实现了所有权和收益权的分离、委托人（捐赠者）所有权财产和受托人信托财产的分离，使捐赠和受助实现时间和空间分离成为可能，提高了社会动员慈善资源的能力和利用资金的效率（郑秉文和施德容，2018）①。因此，信托业与慈善事业联姻有着天然的需求基础，信托制度的法律优势和专业资产管理能力可以十分便捷地与慈善事业形成互补，从而拓宽慈善资金筹集渠道、扩展公益慈善基金收益的时间和空间范围，提高了资金的利用效率和社会效益。

随着财富生产、管理和分配的国际化，公益慈善事业也不断国际化。国际慈善信托既包括比尔·盖茨等超级富豪为达到公益慈善的目的而建立的私人基金，也包括由个人或公司通过捐赠或资产注入形式建立的集合公益慈善基金。这些基金通过全球投资获取收益，并根据基金收入情况，在全球运营公益慈善项目。基金本身并不用于分配。私人基金成功的典型莫过于"永远用不完"的诺贝尔基金、比尔及梅琳达·盖茨基金，集合公益慈善基金的典型是红十字会和公共机构慈善信托基金。

二、我国公益慈善事业国际化合作倡议的背景

中华人民共和国成立后，政府国际援助长期是我国主要的国际公益慈善方式，重要的原因是我国经济发展相对落后，企业和社会组织缺乏从事国际公益慈善事业的物质基础。改革开放以来经济快速增长和财富积累为企业和社会组织贯彻国家对外战略，为发展国际公益慈善事业提供了坚实的基础。中国 GDP 从 1952 年的 679.1 亿元跃升至 2019 年的 99.0865 万亿元，中国居民人均可支配收入从 1949 年的 49.7 元增至 30733 元（国家统计局，2020）。2018 年中国个人可投资资产总规模为 190 万亿元，预计中国的个人财富将在未来 10 年中增长 120%②。2019 年末，金融业机构总资产约 318.69 万亿元，规模居全球第一位，外汇储备余额 3.1 万亿美元，多年来位居全球第一（中国人民银行，2020）。

---

① 郑秉文，施德容．新时代慈善十大热点［M］．北京：社会科学文献出版社，2018：5.
② 新世界财富（New World Wealth）发布的《2019 全球财富迁移评估报告》。

随着国民收入的增加和财富的积累，我国具备了发挥政府、企业和社会组织三类主体参与国际公益慈善事业的条件，同时全球化发展也要求我国承担大国义务推进全球包容性发展、可持续发展。21 世纪以来，党和政府前瞻性地在上海合作组织、中非合作论坛、"澜湄国家命运共同体"、"一带一路"倡议、南南合作及联合国 2030 年可持续发展议程等平台下，基于"民心相通"理念，指引和推动企业与社会组织国际化发展。随着相关战略不断具体化，尤其是 2005 年成立了中国民间组织国际交流促进会（以下简称中促会），推动了包括公益慈善组织在内的社会组织国际意识的增强和实践的逐年扩展。例如，2018 年经过中促会的联系和协调，组织了 20 多个国内社会组织到柬埔寨考察，与该国社会组织交流，并寻求建立合作伙伴关系，在基础性民生、医疗保健、教育和儿童保护等多个公益慈善领域相继启动了多个共同实施的项目，项目总金额达 650 多万元（杨团，2019）[①]。

总之，发挥政府、企业、社会组织优势，推动公益慈善国际化发展既是构建良好国际环境，促进沿线各国和地区经济社会发展的要求，也是建构人类命运共同体，促进区域和全球包容性发展的客观要求。

三、"一带一路"与公益慈善

"一带一路"是我国首倡的新的对外开放的合作倡议和国际交流模式。"一带一路"倡议的目标、理念和政策措施决定了公益慈善和第三次分配在战略实施中具有独特而不可或缺的作用。

首先，不同于"二战"后美国主导的以国际援助和国际贸易为主的马歇尔计划，"一带一路"倡议是一种全球治理模式。它以和平发展为旗帜，通过积极发展与沿线国家和地区的经济合作伙伴关系，合力打造政治互信、经济融合、文化包容的利益共同体、命运共同体和责任共同体。历史证明国际援助、民间慈善活动在人类命运共同体的建构和治理中发挥着十分重要的促进和协调作用。

其次，"一带一路"倡议实施需要公益慈善和第三次分配政策的有机嵌入。"一带一路"倡议不仅是一个援助和经济计划，其实践措施更加全面，包括："政策沟通、设施联通、经贸畅通、资金融通、民心相通。"政策沟通的基础是

---

① 杨团. 中国慈善发展报告（2019）［M］. 北京：社会科学文献出版社，2019：22.

民间沟通，必然包括企业社会责任、宗教慈善、社会组织对外援助等公益慈善领域的活动。设施联通上，我国拥有较强的比较优势和技术实力，但不是我们把路修好了丝路国家就会自动与我们有经济往来，这些以社会效益为目标的投入可以增强与东道国人民的感情，减少矛盾，而且长期来看可以提高当地消费能力，助力长期经济效益的提高。资金融通和经贸固然以市场行为为主，但许多"一带一路"沿线国家经济发展相对滞后，诸如教育、环保和基础设施建设周期长、利润低、风险大，企业投资意愿和能力不足，需要各类公益慈善基金和亚投行的公益性开发资金的投入。民心沟通则主要依靠"一带一路"沿线国家在人文交流各层面的深度合作发挥潜移默化的重要作用。

最后，"一带一路"倡议与公益慈善事业的核心理念高度吻合。"一带一路"倡议的理念是"开放、包容、均衡、普惠"。这些理念与"一带一路"沿线涵盖的世界四大文明体系的公益慈善理念高度契合。履行社会责任投资人、公益慈善投入十分必要。因此，发扬人道主义精神与救人济世情怀的公益慈善事业，具有超越国家、民族、血缘、文化、政治、经济、社会等时空界限的能力，是整个人类文明体共同拥有的宝贵的价值理念（金忠杰和马海，2015）①。

"一带一路"倡议为国际公益慈善事业合作发展提供了一个潜力巨大的场域，既可以动员巨大的公益慈善资源和公益志愿服务，也将吸引包括国际公益组织在内的一大批社会公益力量参与其中。实际上，"一带一路"已经成为中国与沿线国家开展公益慈善合作，共建国家命运共同体的重要平台。中国社会组织在参与"一带一路"建设的同时，已经优先以非洲为主要目的地，通过设计受援国政府、公众认可和支持的人道救援和扶贫开发等项目。例如，2018年4月，中国扶贫基金会与乌干达合作启动"幸福家园——难民资历与社区融合项目"。2018年7月，第五届中非民间论坛发布《中非民间友好伙伴计划（2018－2020）》，从民生和社会救助、公益慈善捐赠、能力建设、人才培育、文化交流、合作机制等方面推出了规划了三年的中非民间合作路线图（人民网，2019）②。

---

① 金忠杰，马海."一带一路"下中国与伊斯兰国家慈善合作［J］.中国穆斯林，2015（6）：24－26.

② 杨团.《中非民间友好伙伴计划（2018－2020）》发布［EB/OL］.人民网－中国共产党新闻网，2018－07－24，http：//cpc.people.com.cn/n1/2018/0724/c164113－30167068.html.

第二节 "一带一路"沿线国家公益慈善事业发展概述

一、"一带一路"下公益慈善合作的目标定位

2016 年 3 月,联合国安理会通过的第 2274 号决议首次将"一带一路"倡议内容列入其中。2016 年 11 月,我国政府与联合国开发计划署签署共建"一带一路"谅解备忘录,双方将加强合作,推动沿线国家政策沟通、设施联通、贸易畅通、资金融通、民心相通,推进"一带一路"建设,为沿线国家的繁荣和发展提供支持和服务。2017 年 2 月,联合国社会发展委员会第 55 届会议,呼吁国际社会应秉承合作共赢精神和构建人类命运共同体的目标,进一步提高对非洲经济和社会发展的支持。决议欢迎并敦促各方进一步推动非洲区域经济合作进程,推进"一带一路"倡议等便利区域互联互通的相关举措(董俊林,2017)①。

"一带一路"倡议是全球治理中推进区域合作和共同繁荣的重要平台,将惠及几十个国家(地区)的数十亿人口,是推动区域合作和共同繁荣的重要机遇,也是推动落实 2030 年可持续发展议程的加速器。除了在经济方面的资金融通,在社会和人文方面"一带一路"倡议也将推动国际社会共同体的建构,跨国公益慈善资源筹集,公益志愿服务动员和公益组织的国际化发展。

二、"一带一路"沿线国家公益慈善的特点

准确梳理和归纳"一带一路"国家在公益慈善领域的特点是发现需求,更好地通过公益慈善事业助力"一带一路"倡议的基础。截至 2019 年 10 月底,中国已经同 137 个国家以及 30 个国际组织签署了共计 197 份"一带一路"合作共

---

① 董俊林.社会组织参与"一带一路"建设的政策基础〔N〕.中国社会报,2017-06-23.

建文件（国家发展和改革委员会，2019）①。梳理相关国家的公益慈善发展现状，本章总结了六大特征。

第一，公益慈善事业助推包容性发展潜力巨大。历史上，在汉、唐、宋、元等朝代，国家通过丝绸之路不仅实现了欧亚大陆国家的经贸关系，也促进了宗教、文化的交流，国际经济和社会关系相互促进。在丝绸之路隔断时期，不仅经济交流下降，而且宗教、文化冲突也增加。进入近代，"一带一路"沿线国家冲突不断，公益慈善事业天然具有超国家、民族、宗教、血缘、文化、政治、经济、社会的界限的特征，有利于推动人类命运共同体建构，助力沿线国家（地区）包容性发展。

第二，公益慈善事业发展对"一带一路"倡议的助推潜力巨大。"一带一路"沿线国家既包括新加坡、科威特、捷克、波兰、匈牙利等高收入或中等发达国家，也包括西亚、中东、南亚等资源丰富但收入较低的国家，也包括中国、越南等制造业相对发达的国家。发达国家和高收入国家具有较强的国际公益慈善捐赠和助力欠发达国家资源开发和利用的意愿，也有一定的基础，有利于伊斯兰国家之间、独联体国家之间，以及中国的对外援助等，但过去这些行为具有较强的文化和意识形态隔离性以及缺乏持续性问题。通过"一带一路"平台，推动公共慈善事业需求与供给的网状链接，而壮大公益慈善事业则既可以供便利沿线国家的相互了解，又可以培育"一带一路"国家的潜力和发展能力，形成公益慈善事业和经济经贸相互促进的可持续发展局面。

第三，需要文化包容性国际的协调。近代以来，"一带一路"国家因经济、宗教、地缘、民族等原因冲突不断，重要的原因是缺乏包容性国家主导的协调机制。公益慈善是各宗教、各民族、各种文化下共同的崇高行为，在合适的制度安排下可以充当宗教、民族、文化包容的润滑剂和推动力量。历史经验显示，无论是罗马帝国、阿拉伯帝国，还是汉唐宋元帝国时期，"一带一路"沿线国家文化包容经济社会发展较好，而宗教宽容和慈善事业是经济社会包容的重要因素。在当今和平与发展成为主旋律的时代，帝国的强制让位于"共商、共建、共享"的"一带一路"黄金法则，但仍需要由有责任担当、有能力且有包容性的国家

---

① 国家发展和改革委员会. 中国已与137个国家、30个国际组织签署197份"一带一路"合作文件［EB/OL］. 新华网，2019 - 11 - 15，http：//www. xinhuanet. com/fortune/2019 - 11/15/c_ 1125237972. htm.

进行多方协调。儒家文化下的中国对各种宗教、民族高度包容，由沿线国家平等协调，以普适的公益慈善事业为抓手推动"一带一路"沿线各国实现"共商、共建、共享"的发展之路非常必要。

第四，公益慈善向赋能性领域扩展的需求和潜力巨大。现代公益慈善不仅要"授之以鱼"，更重要的是"授之以渔"。基础设施是资源开发、促进发展的前提，作为一个整体，必须注重"一带一路"沿线国家的基础设施能力，任何国家脱节都将影响整体经济社会效益。基础设施建设既需要国家层面的开发援助资金，也需要商业资金，同时需要基于财富管理理念运营的公益慈善基金的积极介入，尤其是环保、教育、社区、农村道路建设等难以吸收足够市场资金的基础设施领域。

第五，亟须推动公益慈善创新模式扩展。"一带一路"国家创造了许多事件证明行之有效的公益慈善模式。可以利用"一带一路"平台加快推广，促进沿线国家发展。

第六，亟须推动公益慈善事业的信息化。多数"一带一路"国家信息技术相对滞后，制约了捐赠的空间和规模，救助的及时性、匹配性和效率，以及公益慈善模式和运行机制的创新。中国在信息技术领域全球领先，可借助"一带一路"合作平台，推动沿线国家公益慈善事业的信息化，助力各国在各领域项目"共商、共建、共享"。

第三节　中国与"一带一路"沿线国家公益慈善领域开展合作实践

一、路径

近年来，中国的公益慈善事业取得长足发展，取得了"走出去"的经验。"一带一路"沿线国家是中国公益慈善事业走出去的主要目标国家。具体途径有公共外交路径、民间社会组织"走出去"、"走出去"企业履行社会责任等国际慈善合作。

开展公共外交路径。公共外交理论普遍认为政府、个人（私人机构）和社会团体（社会组织）是开展公共外交的三大主体，其中政府起着绝对的主导作用。但伴随着全球化、信息化以及公民社会的兴起、全球治理的需求，外交模式开始转型。活跃在政治、经济、文化、社会等各个领域的非政府组织，由于社会组织具有公信力、广泛性、专业性和创新性等方面的优势，更有利于开展各种外交活动，与他国政府和民间建立良好的沟通与合作，从而弱化政府的作用，提升国家形象，消除他国公众的警惕和不信任感（辛传海、朱美慧和杜晶花，2018）[①]。例如，由中华慈善总会主办、中华慈善总会新闻界志愿者慈善促进工作委员会承办的缅甸先天性心脏病儿童救助行动在当地取得了积极成效。中国社会组织通过为当地提供直接的帮扶和援助，使当地居民感受到"一带一路"倡议带来的实实在在的益处，逐渐改变对"一带一路"倡议的认知偏差。

民间社会组织"走出去"路径。公益慈善组织作为友好使者，能比其他领域先行一步，在"一带一路"的建设过程中，能够帮助中国投资赢得更广泛的社会民意。民政统计显示，截至 2018 年 12 月 31 日，我国经民政部门登记认定的慈善组织已达 5285 家。分布情况如下，社会团体类 945 家，占比为 17.9%；社会服务类机构 246 家，占比为 4.7%；基金会类 3818 个，占比为 72.2%；红十字会类 276 个，占比为 5.2%。在境外非政府组织方面，2018 年，全国登记境外非政府组织代表机构 441 个，临时性活动备案 1381 项（杨团，2019）[②]。中国青年志愿者协会、中国国际民间组织合作促进会、中国和平发展基金会、爱德基金会、老牛基金会、中国灵山公益慈善促进会和中国扶贫基金会等，已经在国际化征程中迈出坚实的一步。中国扶贫基金会的国际化起源于 2005 年，已经走过 12 年的探索之路，先后对印度尼西亚、巴基斯坦、缅甸、智利、海地、几内亚、苏丹、西非地区、柬埔寨、埃塞俄比亚、尼泊尔和厄瓜多尔等 16 个国家和地区开展了包括紧急救援、母婴医疗保健、微笑儿童、大学生资助、国际水窖在内的多个项目，其中 2011 年竣工的苏丹阿布欧舍友谊医院被外交部评为公共外交的典范工程。

---

① 辛传海，朱美慧，杜晶花. 中国社会组织参与"一带一路"建设的角色定位与实现路径［J］. 学会，2018（10）：33 – 43.

② 杨团. 慈善蓝皮书：中国慈善发展报告（2019）［M］. 北京：社会科学文献出版社，2019：3.

"走出去"企业履行社会责任路径。相对于"走出去"的社会组织，"走出去"的中国企业更多。据不完全统计，我国现在在180多个国家已经有3万多家对外直接投资的企业，这个数量非常庞大。自2000年以后，在投资地实施企业社会责任项目已经成为一种趋势（张明敏，2017）①。

二、形式

资金援助。"一带一路"沿线60多个国家人口总数约为44亿人，相当大比例生活在贫困地区，消除贫困作为全球治理的重要组成部分，是"一带一路"倡议的应有之义。我国向"一带一路"沿线国家安排大规模民生项目，就是帮助这些地区摆脱贫困和边缘地位，实现维护世界和平与发展的目的。2017年5月14日，习近平总书记在第一届"一带一路"国际合作高峰论坛演讲中庄严承诺，我国将在未来3年内向参与"一带一路"建设的发展中国家和国际组织提供600亿元的援助，建设更多民生项目。同时，将向"一带一路"沿线发展中国家提供20亿元的紧急粮食援助，向南南合作援助基金增资10亿美元（新华社，2017）②。

人才支持与合作。习近平主席强调共建"一带一路"关键是互联互通。人才培养合作是设施联通与民心相通的基础和支撑。长期来看，共建"一带一路"相关国家培养国际化的本土人才是支撑重大项目建设的持续助推力。一方面，受益于"一带一路"倡议，中国可以引进更多国外高校开展合作和交流，另一方面，随着"一带一路"合作与项目建设的深入推进，沿线相关国家人才和技术诉求自然会增多，提升劳动力专业化程度的培养需求亟待提升。作为共建"一带一路"倡议发起国，我国可依托自身优势与沿线国家合作培养本土化人才。

项目合作。项目是"一带一路"合作的依托。2017年5月14日，习近平主席在"一带一路"国际合作高峰论坛演讲中指出，未来三年我国将在"一带一路"沿线国家实施100个"幸福家园"、100个"爱心助困"、100个"康复助医"等公益慈善项目（张琦、冯丹萌，2017）③。

① 张明敏. 国之交在于民相亲 "一带一路"公益可先行［N］. 公益时报，2017 - 05 - 16.
② 新华社. 习近平在第一届"一带一路"国际高峰论坛的演讲［EB/OL］. 新华网，2017 - 05 - 14, http://www.xinhuanet.com/politics/2017 - 05/14/c_ 1120969677.htm.
③ 张琦，冯丹萌. 推动"一带一路"沿线国家绿色减贫合作［N］. 中国经济时报，2017 - 11 - 01.

三、领域

中国公益慈善在"一带一路"中可推广的理念和模式必须是在国内证明成功的模式。

（1）精准扶贫。

近年来我国在乡村振兴、精准扶贫等领域取得了举世瞩目的成绩，引起了国际社会的高度肯定。例如，甘肃建立"一带一路、精准扶贫、乡村振兴"三项结合的试点工程。该工程获得沿线国家哈萨克斯坦、韩国、俄罗斯、尼泊尔、法国、新西兰、澳大利亚、马达加斯加等各国商会的高度关注和支持。2018年7月12日，丝绸之路国际合作组织（SICO）组织上述20多个国家的商会、企业家，由尼泊尔原总理带队组成"一带一路"国际文化商贸考察团，前往甘肃进行为期5天的投资合作考察活动，为甘肃深化落实"一带一路"、精准扶贫、振兴乡村的国家重要发展合作倡议，提供最有效的资源和支持。

（2）公共卫生。

2020年新冠肺炎疫情蔓延全球，中国与"一带一路"合作伙伴守望相助，在疫情初期沿线国家向中国提供了宝贵的支持。2020年9月8日，习近平主席在全国抗击新冠肺炎疫情表彰大会上介绍，我国已向世卫组织提供两批共5000万美元的现汇援助，向32个国家派出34支医疗专家组，向150个国家和4个国际组织提供283批抗疫援助[1]。"一带一路"的许多民生、公共健康项目在受援国的抗疫中发挥了重要作用，增强了国际社会对这一公共物品的期待。

（3）环境与生态保护。

2013年7月，中国民间公益组织马拉野生动物保护基金会与东非公益非政府组织东非野生动物保护协会签署合作协议，共同致力于生态环境保护和野生动物保护。中国绿化基金会于2018年启动"'一带一路'胡杨林生态保护工程"，旨在拯救和保护胡杨林，打造健康的生态环境，助力地方经济发展。这些经验和做法可以向中亚等沿线国家推广。

（4）应对自然灾害。

中国是世界上自然灾害发生最频繁的国家之一，特别是2008年汶川地震以

---

① 赵磊．建设健康丝绸之路助力人类卫生健康共同体［N］．光明日报，2020-11-19（13）．

来，中国慈善组织从本土救灾中积累了丰富的救灾经验。毫无疑问，与西方的国际 NGO 相比，中国慈善组织的扶贫模式、救灾经验更适合发展中国家。

（5）优质教育。

"一带一路"相关国家的大学实力普遍较弱，在 2019 年 QS 世界大学排行榜中，仅有新加坡、俄罗斯、印度、马来西亚、以色列、沙特阿拉伯 6 个国家的 10 所大学进入前 200 位。相比较而言，我国大学的整体实力和全球影响力较高。"一带一路"相关国家 2017 年来华留学生人数达 31.72 万人，占该年度来华留学生总数的 64.85%。中国成为全球重要留学目的地和亚洲最大留学目的国。

（6）文化合作。

赋予古老丝绸之路崭新时代内涵的"一带一路"重大倡议，契合沿线国家的共同需求，为相关国家优势互补、开放发展带来了新的机遇。目前，已有 60 多个国家和国际组织对参与"一带一路"建设表现出积极的态度，一批基础设施互联互通项目正在稳步推进，作为"一带一路"主线之一的人文交流也从中受益，文化、艺术、旅游等领域的项目对接与合作不断增多。2013 年以来，先后成立中国驻曼谷、布达佩斯、阿斯塔纳旅游办事处，指导完成巴黎、悉尼中国旅游体验中心建设，与"一带一路"沿线 17 个国家签署了 24 份设立文化中心的政府文件，"一带一路"沿线中国文化中心总数达到 16 家，举办文化活动逾 1600 场，当地"朋友圈"不断扩大，中国文化中心成为"一带一路"沿线民众了解中华文化和中国当代发展的重要平台。

第十章 "一带一路"财富管理与自贸区建设

自贸试验区的制度创新为财富管理创造了很大的契机，财富管理涉及的跨国金融事项较多，改革开放以来，我国更多是注重商品的进出口与招商引资，对于资本的"走出去"并未实现大的突破，国企与央企在FZ账户里的自由兑换是目前规模资本跨境进出的主要渠道，但是制约了民间资本对外投资的发展。通过在自贸试验区内部试行金融制度创新为财富管理提供了发展契机。

第一节 自贸区建设进程与初步成效

自贸区建设进程

从2013年9月上海自贸区挂牌成立，到2019年8月自贸区第五次扩容，我国共设立了18个自贸区，基本形成了"1+3+7+1+6"的自贸区方阵，形成了协调东、中、西，统筹南北方，覆盖沿海、内陆、沿边统筹兼顾的全方位开放格局。目前已经挂牌成立的自贸区覆盖四大区域板块、统筹沿海内陆沿边地区，正逐步开展投资贸易便利化自由化制度创新、金融自由化制度创新、减税降费的营商环境优化提升、监管制度改革等。自从设立自贸区以后，经济发展态势良好，在部分领域实现了突破性进步。

1. 投资贸易便利化自由化带动了经济增长

自贸区设立以来，招商引资的政策更加具有吸引力，实质性流程优化再造方便了外国客商，吸引了大量的国外资本入驻。根据统计，截至 2018 年底，18 个自贸区累计新设立企业 61 万家，其中外资企业 3.4 万家，招商引资比重占全国的 12%。尤其是成立较早的上海、天津、广州、福建 4 个自贸区，新增注册企业数量、引进外资规模与质量均取得重要成效。

2. 制度创新不断突破原有边际

自贸区的核心是制度创新，实质性的制度创新才能打破过去固有的发展模式，尤其是市场准入方面的制度创新，将对原有的市场主体形成竞争，促进效率改善。从具体制度创新来看，投资贸易管理体制进一步优化、外资负面清单持续缩小。上海自贸区在 2013 年推出的外资负面清单中有 190 项，而后逐渐缩小负面清单数量，2014 年减少到 139 项，2015 年进一步缩减到 122 项，2017 年再减少到 95 项。外资负面清单的逐渐减少体现了市场禁止区域的缩小，更体现了国内原有的市场主体抗压能力的增强，在更多领域取消或者放宽外资准入限制，是对接全球化营商环境的体现。

综合观察 18 个自贸区的建设方案（包括总体方案、深化方案），均对投资管理体制改革、贸易监管方式转变、推进金融自由化改革、转变政府治理方式、健全法律保障体系和营造良好营商环境等方面提出了共性要求。其中，涉及政府治理方式转变和投资管理体制改革的任务完成率最高，两者都在 90% 以上；但是金融开放创新完成率较低，不足 80%，主要是因为金融改革涉及面较宽，风险较大，需要较为严密的制度设计和循序渐进的改革过程。

3. 自贸区成形制度创新复制推广

18 个自贸区具有较大的制度创新自主权，截至 2019 年 8 月，全国已经形成了 202 项制度创新成果，切实发挥了深化改革和扩大开放的试验田、减压舱与先行区的作用。从目前推广的试点经验来看，涉及投资体制改革的有 81 项，涉及贸易便利化的有 64 项，涉及金融业对外开放的有 23 项，涉及政府管理体制改革的有 34 项，其中供各地借鉴的 "最佳实践案例" 共 43 个。从推广的模式和路径来看，既有国务院自贸区工作部际联席会议办公室总结梳理，集中向全国复制推广的试点经验（106 项）和最佳实践案例（43 项），又有国务院各职能部门牵头自行向全国复制推广的改革试点经验（53 项）。同时自贸区所在省份将自贸区形成的在省级权限范围内的创新举措向该省份其他城市推广，没有设立自贸区的省份也高度重视自贸区改革的试点经验，主动借鉴学习自贸区的改革经验，因地制宜开展复制推广工作，并支持有条件的地区在叠加自贸区改革经验的基础上进行集成创新，释放改革红利。

4. 海南省全境升级为自由贸易港区

为全面深化改革开放试验区，应中共中央的顶层设计，赋予海南省新的使命，习近平总书记亲自谋划将海南省全境升级为自由贸易港区。海南省具备了在经济体制改革和社会治理创新等方面先行先试的更有利条件。这是适应经济全球化新形势，实行更加积极主动的开放战略，探索建立开放型经济新体制的重要保证，力争在短时间内把海南打造成为我国面向太平洋和印度洋的重要对外开放门户。海南省全境升级为自由贸易港区可谓是自贸区的升级版，体现了中央主动构筑新全球化战略，推动更高水平对外开放的决心。目前，海南省已经成功推进六批自贸区的制度创新，并试行了第一批自由贸易港的制度创新，形成了七批可复制可推广的制度创新案例。

随着自贸区的进一步发展，以美国为首的西方国家推行逆全球化战略的深入，我国必然会将自贸区的范围与区域进一步扩大，自由贸易港的数量也将继续增加，经济将展现出更强的活力，我国将成为对外开放新高地。

第二节 "一带一路"倡议与自贸区建设的融合与促进

"一带一路"倡议和自贸区战略都是在 2013 年提出的，是中国主动接入经济全球化、促进对外开放、应对国际经济政治形势转变的重大举措。"一带一路"与自贸区共同构成了中国新时代对外开放格局，"一带一路"是以开放的姿态"走出去"，与沿线国家开展经济合作，而自贸区则是以开放的胸襟"引进来"，欢迎各国与中国开展经济合作。两大国家顶级合作倡议如同中国对外开放的两翼，支撑着中国开放型经济的发展。

根据我国自贸区的地理布局，每个自贸区都在"一带一路"中具有不同的使命。内陆地区的自贸区在"一带"上发挥的作用更强一些,沿海地区的自贸区在"一路"上更具有优势。自贸区将从以下几个方面协同配合"一带一路",共筑中国对外开放新格局:自贸区分布于中国各个区域,各区域连接俄罗斯、中亚、东南亚、南亚,已经形成六大经济走廊,共同支撑起"一带一路"倡议,自贸区的地理分布提升了与"一带一路"倡议的契合度;加强国际产能合作正成为我国与"一带一路"沿线国家合作的重要领域,在"一带一路"沿线国家,工业化水平较低,大部分国家面临工业化发展任务,需要中国产能转移输出,而自贸区为中国企业"走出去"提供了重要的合作桥梁;"一带一路"沿线国家发展中需要加强与我国的对外贸易,自贸区强化贸易便利化条件,降低贸易成本的同时,提升了贸易效率,支撑了"一带一路"国家与我国的进出口贸易。

"一带一路"作为中国参与全球经济治理、构筑以中国为核心的新全球化合作倡议体系,具有非常重要的意义。综观美国强大的历史过程,其在"一战"后,通过扶持西欧地区,"二战"以后通过扶持日本与东亚地区的韩国、新加坡、中国台湾,构筑了以美国为首的全球化核心区域,成为维持美国超级大国地位的重要方法。其中,经济的输出伴随着军事的结盟,美元轻松代替英镑,成为世界第一货币地位。

"一带一路"倡议着重于推行中国的产能输出与新市场的开拓,自贸区战略注重于自身的制度创新,从全球主动聚拢高端生产要素,两大合作倡议具有相互促进又彼此融合的关系,自贸区内部对接国际化、法治化的营商环境,有利于吸引"一带一路"经济体的对外投资,同时自贸区内部通过金融创新,实现汇兑便利化与人民币离岸市场的建立,将有效推动中国企业"走出去",支撑中国"一带一路"倡议发展。目前"一带一路"倡议主要聚焦于国企与大型企业的发展,主要基础设施建设与政府之间的合作开展较顺利,但是全产业链的布局相对欠缺,仍然需要民间资本的支撑。自贸区内部的企业亟须转移相对过剩的产能,"一带一路"经济体可以成为其主要的产能输出东道国。自贸区与"一带一路"倡议联袂打破美国对中国的围剿与遏制。

自贸区以投资、贸易合作主动融入"一带一路"建设。自贸区依托区位、地缘、产业、人文优势,积极推动与"一带一路"沿线国家的经贸合作,在投资贸易自由化便利化方面开展了大量探索。具体表现如下:上海自贸区通过建立亚太示范电子口岸网络运营中心,有效推动了与"一带一路"沿线国家的通关合作机制建设。陕西自贸区依托汽车、装备制造业与欧俄韩建设"中欧""中俄""中韩"等国际产业合作园区。同时，西安利用丰富的历史文化优势资源，与"一带一路"沿线国家共建国际高等教育合作交流平台，联合31个国家128所大学成立了"丝绸之路大学联盟"。河南自贸区充分发挥交通枢纽优势，开通中欧班列（郑州），覆盖境内3/4的区域，境外遍布欧洲和中亚地区，形成境内外双枢纽、沿途多点集散的格局，极大地促进了我国与"一带一路"沿线国家的互联互通。以上合作实践均推动了我国自贸区与"一带一路"建设的融合，后续也在不断探索更多国家顶级倡议合作的案例。

第三节　自贸区与"一带一路"财富管理的历史机遇与挑战

"一带一路"经济体大多为相对贫穷的发展中国家与地区，根据发展经济学家钱纳里的两缺口模型，发展中国家主要缺乏资本与技术，发展过程中的机遇相对较多，资本的边际收益率要远大于资本丰裕的发达国家。在"一带一路"的发展中国家进行财富的管理有助于提升资本收益率，但是我国目前的金融体系对资本外流的管制仍然较为严格，对于外部资本进入国内采取鼓励政策，这样就造成一个问题，管理的财富没有出口进入到"一带一路"经济体。目前国内资本流入境外主要以国企和大型企业的对外投资为主，并且对资本与金融账户的兑换去向也实行严格的监管，国内财富在境外的管理缺少外出口径。自贸区将给予国内财富管理资本流向境外口径，自贸区中注重金融创新，尤其是上海自贸区，通过设立自由贸易账户（FT账户），实现国内账户与境外账户资金的自由往来，主要通过"一线完全放开""二线有效管住"的原则对境内资金出境进行资金划转的监管。当然金融市场是互联互通的，资本与金融项目的开放势必会加大我国金融市场的风险，影响我国金融市场整体的稳定性。在我国资本与金融账户管理还不完善、经验不足的条件下，通过自贸区来测试资本出境的风险，是"一带一路"财富管理的重要历史机遇。

在"一带一路"沿线经济体进行财富管理，其方式多种多样，可以直接通过发行债券形式进行投资，也可以将资金并联"走出去"企业，开拓外部市场，以企业年化利润形式实现财富的保值增值。但是资金的出口要通过自贸区，口径的宽窄程度依然是当前的最大问题，这直接关系到"一带一路"经济体财富管理的规模。根据美国诺贝尔经济学家克鲁格曼的"三元悖论"，资本自由流动、固定汇率制、货币市场独立性难以同时实现。我国目前要实现人民币国际化、货币市场也必须独立于世界货币市场，因此资本流动依然在自贸区承压范围内流动，主要供给企业的"走出去"战略选择，个人资产的汇出具有严格管制，因此短期内自贸区的资本流出口径相对较小。

通过自贸区，基金公司将本国的资金输出到"一带一路"国家的市场中，通过市场机制将资本对接到具体项目中，但是需要一系列的体制保障，不仅需要开立针对"一带一路"国家投资的 FT 账户，更需要中资银行到"一带一路"经济体市场中，开设人民币离岸市场，对接市场主体，来购买中方的机器设备、知识产权，过剩产能通过"一带一路"专项基金输出的同时，实现了财富管理。

第四节 自贸区与"一带一路"财富管理的发展现状

通过自贸区进行了"一带一路"国家财富管理的实践，例如香港私人财富管理公会发表白皮书，在粤港澳大湾区，借助于广东自贸区引入跨境财富管理计划与香港家族财富的跨境管理。此白皮书重点关注内地财富管理在跨境投资中的机会，着重推出"一带一路"跨境基础设施基金。除鼓励在自贸区设立财富管理的跨境基金外，在监管方面，对制度规则提出了更高要求，跨境财富管理，尤其是在"一带一路"国家的跨境财富管理是新兴的财富管理方式，运行的制度规则需要快速完善，尤其是防止通过"一带一路"跨境财富管理实现资本出逃，同时也要保障财富产权方的资金安全。白皮书提出了一项具有建设性的助推跨境财富管理发展的措施，在自贸区与"一带一路"资金需求方设立双向的离岸主权货币基金市场。

在自贸区内部，针对"一带一路"经济体跨境财富管理的实践中，上海自贸区发展最好,这与上海市国际金融中心的地位是分不开的,更离不开上海市作为金融创新前沿的先决条件,这使得上海自贸区可以围绕金融领域的制度创新展开先行先试。陆家嘴作为上海的金融中心积极推行个人境外投资的制度创新,批复试点跨境财富管理机构,推动国内财富的跨境管理。

除了国内私募股权基金引导国内资金向"一带一路"经济体投资以外,通过合格境内有限合伙人(Qualified Domestic Limited Partner,QDLP)方式募集人民币资金,对海外市场进行投资也是重要的财富海外管理模式,但是在当前我国资本与金融账户未完全放开的背景下,大规模 QDLP 依然行不通,在自贸区内部,通过金融方面的制度创新,试行 QDLP 将有助于我国财富在"一带一路"经济体的管理,但是 QDLP 是注册于海外市场,向我国境内投资者发起的募集人民币资金形式,在海外市场注册的基金公司大多归属于海外金融公司。

目前已经批复的 18 个自贸区,涉及边境贸易与延边经济的自贸区均推出了有关跨境资金流动管理的金融制度创新。上海是第一个试行在自贸区内推行QDLP 业务的城市,但是规模依然有限。广东自贸区也试水跨境人民币双向融资业务,明确支持港澳机构投资者在自贸区内开展 QDLP 及合格境外有限合伙人(Qualified Fcreign Limited Partner,QFLP)业务。但是从实践中来看,募集资金主要投资在香港资本市场,投资到"一带一路"经济体的资本相对较少。为支持粤港澳地区的企业"走出去",开展"一带一路"国家的投资业务,中国人民银行发布了《中国人民银行关于金融支持中国(广东)自贸区建设的指导意见》,明确支持粤港澳三地机构在自贸区内部设立人民币海外投资基金,主要募集人民币资产,支撑国家"一带一路"倡议发展。

山东自贸区支持在自贸区深化金融领域开放创新,促进跨境投融资便利化,研究在三个片区内部开展 QDLP 试点工作。河北自贸区虽然地处中原地带,但是地区资本存量仍然较为丰富,为提高资本收益率,开展境内合格机构投资人(Qualified Domestic Institutional Investor,QDII)业务,允许境内机构投资者将资本投资于境外资本市场的股票、债券等有价证券,该举措增加了投资市场的投资标的,但是由于"一带一路"经济体大多属于发展中国家与地区,资本市场并不完善,所以 QDII 很难将国内财富管理嵌入到"一带一路"经济体中。

第五节 自贸区与"一带一路"财富管理中存在的问题

目前的跨境投资中,存在的最大问题是我国对资本与金融账户的管制,全国范围内资本与金融账户的全方位开放虽然有利于跨境投资,但是不利于我国的金融安全,汇率、人民币、利率等重要宏观经济指标都将受到极大的挑战。我国的资本与金融账户开放是一步一步的,在一个国家没有具备资本开放的条件而硬性开放资本与金融账户,资本账户自由化将带来巨大的金融风险。以1997年东南亚金融危机为例,印度尼西亚、泰国等国家纷纷转向资本项下兑换自由化,但是国际游资对汇率的操纵导致主权货币处于被动地位,汇率大幅贬值造成国内资产缩水,金融危机出现。根据 IMF 对35个经济体资本与金融账户自由化的研究,有24个经济体发生过因资本游走境外的金融危机,大多为发展中国家与地区。因此资本账户管理与跨国财富管理难以实现两全其美,只能是在资本与金融账户有管制的开放下,进行定向的跨国财富管理。

"一带一路"的财富管理的核心在于将资本投资于"一带一路"国家的基础设施建设与民间资本供需市场,但是目前财富管理基金很难通过自贸区口径直接投资于"一带一路"国家,国内的财富管理基金大多投资于资本市场,部分通过自贸区的口径进入"一带一路"经济体,也会以股权或者私募基金形式进入第三方国家。"一带一路"国家的资本市场并不完善,将财富管理资金打包输入到"一带一路"国家,财富管理方大多经营资本市场,股票型基金管理在"一带一路"国家缺少投资标的,财富管理方有可能将资金转移到发达国家与地区,进行资本市场的投资,这样就偏离了"一带一路"国家建设的方向,这些国家缺少资金的支撑,我国的产能也难以与"一带一路"国家展开深度合作。

第六节　深度对接自贸区战略，发展 "一带一路" 财富管理的政策建议

借助于自贸区的平台，在自贸区内部，适度开放并有管理地发展境外投资，尤其是投资于 "一带一路" 经济体，既能避免汇兑与人民币主权货币出现的风险，同时又能提升资金的使用效率，上升到国家合作倡议更能为 "一带一路" 沿线国家的基础设施建设保驾护航。

自贸区的平台在财富管理的金融创新中依然发展滞后，自贸区内需要更大力度地推行金融创新，实现自贸区境内关外资本市场互联互通，投资更加便利化。对于资本与金融账户汇出，去往 "一带一路" 国家的资本，可以设定可追踪去向的追踪数据系统，加强对 "一带一路" 经济体的财富管理，严格围堵借助 "一带一路" 经济体作为跳板，将财富转移到其他国家与地区，进行洗钱与为腐败寻求出口的行为。

"一带一路" 财富管理在自贸区内的先行先试需要高技能人才的支撑，从全球范围内网络财富管理人才与机构，通过对接全球顶尖资产管理公司，给予制度上的让利，并基于大数据、云计算、人工智能等信息技术进行资金跟踪，实现信息化监管。同时需要网罗对 "一带一路" 经济体有系统了解的人才，尤其对这些经济体风俗习惯、历史人文等非规则性交易习惯的深刻理解，以更加全面地对这些经济体进行投资，规避市场交易风险。

"一带一路" 财富管理属于新事物，目前并没有这方面的法律法规保障其运行，需要从制度上给予保障，尽快完善相关法律法规。针对 "一带一路" 经济体存在的产权风险，可以引入金融保险，进一步从市场上去除风险。

如何规避 "一带一路" 沿线国家的政治不稳定风险，需要政府间的磋商。国家可以成立央企，集中财富管理基金，涉入 "一带一路" 经济体展开基础设施建设方面的合作，尤其使用政府间的合资模式，开展基础设施的合作，我国通过主权财富管理基金建设对方国家基础设施，共享收益，收回成本与收益之后，无偿将基础设施的产权移交给对方国家，这种国家主权财富管理模式将有效规避对方国家政权更迭与战争发生带来的巨大风险。

第十一章 "一带一路"财富管理与文化交流

"一带一路"沿线国家分属不同的文化圈，在各自历史发展中形成了独具特色的财商文化，既相互差异，又具有相互融通的精神特质。通过追溯"一带一路"沿线国家财商文化的核心要义与价值指向，寻找实现"一带一路"沿线国家民心相通的文化资源，树立文化引领的积极理念，通过进一步深化与沿线国家的文化交流与合作，增进相互了解、认知和理解，夯实商业乃至社会各领域交流合作的人文基础，促进区域合作，实现共同发展。

第一节 "一带一路"建设与财商文化

一、问题的提出

随着世界经济的发展和科学技术的进步，文化在全球竞争中的作用日益突出，经济活动中的文化力作用愈发凸显。人在创造物质生活的同时，也创造了与之相适应的文化。文化因素影响着经济活动的取向和结果，这一理论已经获得人们的普遍认同。虽然目前学界对于财商文化还没有形成理论现象，但是从文化角度思考经济问题却早已存在。

马克思从文化的高度出发分析经济现象，他称"自然经济"为"文化初期"，商品经济的出现则表明"文化的发展或发达"。人们在商品交换中不只是交换着物品，同时也交换着个人关系和个人能力。马克斯·韦伯认为，新教伦理影响着人们的精神，改变着人们的思维、信念和追求，让新教徒以前所未有的精神状态投入到生产和商业活动中，强调文化变革对经济变革的影响。习近平总书记在讲话中强调，民心相通是"一带一路"建设的重要内容，也是"一带一路"建设的人文基础。要坚持经济合作和人文交流共同推进，注重在人文领域精耕细作，尊重各国人民文化历史、风俗习惯，加强同沿线国家人民的友好往来，为"一带一路"建设打下广泛社会基础，强调实施"一带一路"倡议构想，推进文化先行。这些成为我们探讨"财商文化"的重要理论依据和指导思想。

二、"一带一路"文化圈财商文化

财商文化尚未形成明确的学术概念，它是特定时期流行的一套商业观念、道德、态度、情感和价值评价标准的综合体。财商文化的主要内容包括：一是财富获取的正当性，即人们追求财富、创造财富的理伦依据。二是财富配置的正义性，即少数人独占还是全体人民分享。三是财富使用的合理性，即财富的最终目的是以人为本，抑或以物为本。人类文化中的许多因素都会对财商文化的形成产生重大影响。

"一带一路"沿线文化圈层明显，"一带一路"倡议构想涉及几十个国家数十亿人口，他们各自在历史上创造了形态各异的文明形态。2500多年来，贯通欧亚大陆的丝绸之路文化是以沙漠、绿洲、草原、游牧、高原为生活基础的特色文化。"一带一路"的枢纽地带是中巴经济走廊，如果把伊犁或克拉玛依算作中巴经济走廊的北部起点，围绕从克拉玛依、伊犁，经喀什到瓜达尔港的中巴经济走廊所贯穿的地球上最高的五大山脉（天山、帕米尔高原、兴都库什山、昆仑山和喜马拉雅山）和这个地区发源的大河（阿姆河、印度河）画一个圆，我们将会发现这是多个国家和民族血脉相同的文化圈。[①] 在这个文化圈内，许多国家与中国语言形同、共享信仰，许多国家与中国山水相连，在经济上与中国高度互补。"一带一路"文化圈是多国维护、共同维系的文化，是人类社会交往的平台，多民族、多种族、多宗教、多文化再次交汇融通。

在"一带一路"文化圈内，不同的国家和民族基于自身社会历史和经济背

---

① 徐照林等．"一带一路"建设与全球贸易及文化交流［M］．南京：东南大学出版社，2016：91.

景，生成各具特色的财商文化。它不仅传递着影响人们行为的各种观念，而且提供了认识经济活动的思想武器。它虽不能直接变革经济，但影响和改变人们的经济观念、思想和仪式，实现对人们行为的指导和制约。另外，"一带一路"文化圈主张通过正当途径追求财富，对经济行为提出了道德规范和伦理主张，反对通过非正义途径获得财富，主张合理使用财富，提倡慈善，体现着对公平、正义、契约、慈善等共同价值观的崇尚。这些正是古代丝绸之路和今天"一带一路"沿线各国经贸往来、友好交往的价值依据和道德基础。今天的"一带一路"就是继承古代丝绸之路精神的核心，实现世界文化的交融，促进经济和文化沿着"一带一路"形成文化圈，发挥中华传统文化的影响。

第二节 "一带一路"沿线国家财商文化交流

从历史上看，古丝绸之路不仅是一条通商互信之路、贸易往来之路，也是一条文化交流和文明对话之路。历史上，往来于古代丝绸之路上，来自基督教世界、阿拉伯世界、东南亚的商人络绎不绝，文明的交往以贸易为沟通渠道，异质文化的交流以商业活动为桥梁持续进行。对于远道经商、穿梭于不同地域之间的商人来说，既实现着物质财富的流通，又实现着文化上的交流。在很多情况下，商人本身也扮演着传播自身信仰的角色。穆斯林商人掌控非洲与阿拉伯、阿拉伯与亚洲之间的贸易路线，影响很大，伊斯兰文化通过商人传播到中国、印度、东南亚及西非广大地域。除此以外，印度商人、波斯商人都在丝绸之路上充当了文化使者的角色。为了密切商业交流，商人所到之处还要学习当地的语言、经商文化，了解当地的经商环境、法律规范等，促进了不同地区和民族财商文化的交流与传播。

在共同的文化圈层内，各地人民不仅获取知识、技术和其他资源更加容易，而且进行贸易活动也更加方便。例如在儒家文化圈，中文成了共同的书面沟通手段，不仅中国、日本、朝鲜、韩国、越南各国人民可以从中文文献中获取知识和技术，而且在相互贸易中也使用中文作为工作语言。在南洋群岛，各穆斯林土邦通过伊斯兰教，从南亚莫卧儿帝国和西亚奥斯曼土耳其帝国获得军事技术知识及伊斯兰教世界的贸易方式，与东亚世界其他部分进行商业往来。基督教文化圈更将西方的商业习惯、技术知识引入东南亚世界，葡萄牙语也成为跨越东亚世界各文化圈的商业通用语言，从而在东亚世界的贸易中发挥了主要作用。

"一带一路"建设是不同民族、不同国家、不同政治制度、不同文明、不同宗教信仰、不同地域、不同经济发展水平国家的大合作。支撑这一合作可持续推进，不仅需要利益共享，而且还需要价值共识。2013年9月，习近平在哈萨克斯坦纳扎尔巴耶夫大学讲演时提出，国之交在于民相亲，要搞好政策沟通、道路联通、贸易畅通、货币流通，"必须得到各国人民的支持，必须加强人民的友好往来，增进相互了解和传统友谊，为开展区域合作奠定坚实的民意基础和社会基础"。① 只有有共同的理念，才能真正一路同行。丝绸之路是"一带一路"沿线国家共同拥有的宝贵财富，各国财商文化固然有差异，更存有倡导正义、慈善、公平、诚实、守信，反对欺诈、压迫、奢靡浪费等共同价值取向。民心沟通需要统筹协调各种对象，需要熟悉彼此的民族文化、宗教信仰、社会心理等诸多因素，传承历史和建构未来，在发现和总结更多相同点的过程中，增强相互认同感。

一、坚持和平发展的主流

"一带一路"沿线国家的文化交流以和平发展为主流。陈村富先生区分了文化交流的两种范式，范式 I 表现为同行专家的直接交流与对话，范式 II 则提出了历史上常见的以战争、贸易、传教士为传播媒介的文化交流。② 彭树智先生认为："大致而言，和平与暴力是两种基本交往形式……文明交往的和平形式是经常的、大量的和主要的交往形式。无论古代的各文明中心之间的联系，还是跨大陆的各帝国之间的联系，或是民间的商旅、教旅、学旅之行程往来，和平形式的交往一般占有主导地位。"③ "一带一路"文化圈是多样、共存、包容和共赢的，与哥伦布发现新大陆后的战争、掠夺模式不同，2500多年来，贯通亚欧大陆的丝绸之路经济和文化交流以和平交往与融合为主。古代丝绸之路是连接东西方贸

① 习近平. 弘扬人民友谊共创美好未来 [EB/OL]. 人民网, 2013 - 9 - 7, http: //politics. people. com. cn/n/2013/0908/c1001 - 22842914. html.

② 陈村富. 宗教传播与文化交流 [J]. 世界宗教研究, 2002（1）.

③ 彭树智. 文明交往论西安 [M]. 西安: 陕西人民出版社, 2002.

易与文明交流的桥梁,集中展示了中西互鉴的魅力。"丝绸茶叶陶瓷萃,商贾僧人行旅偕",千里丝绸之路上,商贾往来不断,各类奇货屡见不鲜,推动了财富、资源和人员的流动。伴随着经贸往来,文化交流呈现相互理解之势,古丝绸之路上各民族之间没有爆发较大的冲突战争,各民族之间呈现出融合的趋势,平等相待、相互尊重、和平共处,留下了宝贵的精神财富。"一带一路"借鉴传承"丝绸之路"这一和平共赢历史符号,致力于通过沟通交流,增进彼此之间的信任,消除合作的障碍,各民族充分发挥自身的优势,实现合作共赢。

二、秉承正确的义利观

在跨地域商贸业互动中,从古至今,我国就一直推崇讲情重义、先义后利、互惠互利的财商文化,一直是古代中国与丝绸之路沿线国家交往的规范。唐朝政府就要求各地官员对胡商"常加存问""接以仁恩,使其感悦"。有学者考证,唐朝在全国设驿站1639所,仅广州的外国客商就有12万人,与唐朝有交往的国家或部族达189个,南亚、中亚和西亚使团来唐共343次。明朝郑和下西洋期间,沿线国家使节来华318次,平均每年15次,最多一次有18个国家朝贡使团同时到达。① 对于"一带一路"倡议,习近平总书记指出:"要坚持正确的义利观,以义为先,义利并举,不急功近利,不搞短期行为。要统筹我国同沿线国家的共同利益和差异性的利益关切,寻找更多利益交汇点,调动沿线国家积极性。""一带一路"是百年工程,要从改革开放前阶段的"互利双赢"向"合作共赢"的思维转变,利我与利他相结合、双边与多边相结合、取与予相结合,最大限度地激发不同文化、不同民族的认同和凝聚力,赢得民心,整合"一带一路"上的无限资源,让"一带一路"建设成果汇集沿线文化圈的全体人民。

三、坚持诚实守信

在跨地域的经济活动中,需要有利于合同履行、信息提供和防止欺诈的环境,一种稳定可靠的交易货币,以及使成果分配符合社会规范的制度安排等,必须建立诚信体系。诚信是民族精神和商业道德的高地,是"一带一路"沿线国家共享的财商价值理念,也是社会主义核心价值观的重要内容之一,是建设"一

---

① 李国强. 古代丝绸之路的历史价值及对共建"一带一路"的启示[J]. 大陆桥视野, 2019 (2).

带一路"不可缺少的重要力量。讲诚信、守规矩，是古往今来"一带一路"沿线贸易兴盛的主要动因，一个经济体最大的损失不是财富的消失，而是诚信的缺失。人无信不立，业无信不兴，国无信则衰。建设"一带一路"，诚信要从纯然的道德范畴中，逐步融入市场经济的信用体系，让诚信在市场经济秩序建构中发挥最大效能，从而抓住"一带一路"带给我们前所未有的机遇。

四、推进公益国际化

扶贫济困、慈善救济是"一带一路"沿线国家财商文化的共同核心价值指向，实现社会公平正义是"一带一路"沿线人民的共同期许。2017年，习近平总书记在联合国日内瓦总部的演讲中提到，"1862年，亨利·杜楠先生在《沙斐利洛的回忆》中追问：能否成立人道主义组织？能否制定人道主义公约？'杜楠之问'很快有了答案，次年，红十字国际委员会应运而生。经过150多年发展，红十字成为一种精神、一面旗帜。面对频发的人道主义危机，我们应该弘扬人道、博爱、奉献的精神，为身陷困境的无辜百姓送去关爱，送去希望；应该秉承中立、公正、独立的基本原则，避免人道主义问题政治化，坚持人道主义援助非军事化"①。

要融入世界文明的大格局，必须承担国际社会的责任，推动"一带一路"公益慈善合作。当前，中国青年志愿者协会、中国国际民间组织合作促进会、中国和平发展基金会、爱德基金会、老牛基金会、中国灵山公益慈善促进会和中国扶贫基金会等，已经在国际化征程中迈出坚实的一步。中国扶贫基金会从2005年起，先后对印度尼西亚、巴基斯坦、缅甸、智利、海地、几内亚、苏丹、黑洲之角、西非阿伯拉病毒地区、柬埔寨、埃塞俄比亚、尼泊尔和厄瓜多尔等16个国家和地区开展了包括紧急救援、母婴医疗保健、微笑儿童、大学生资助、国际水窖在内的多个项目。截至2016年底，中国扶贫基金会已经累计在国际救灾和发展援助方面投入资金和物资1.12亿元，平均1000万元/年，公益带来的边际效应被逐渐放大，中国公益组织的国际影响日渐加深。增进了"一带一路"国家人民同中国人民之间的友好感情。

---

① 习近平谈治国理政（第二卷）[M]．北京：外文出版社，2017：540.

第三节　海外华人的家族财富与中华之根

海外华侨华人规模庞大，经济实力雄厚，在生产营销网络、政界商界人脉、中西方文化沟通等方面独特优势明显，是中国与"一带一路"沿线国家之间最天然、最直接的桥梁和纽带，是可依赖的一支独特力量。

一、海外华人家族财富特点

1. 规模庞大，实力雄厚

全球共有 6000 多万海外华侨华人，他们分布于 200 多个不同的国家和地区，海外华商的经济实力非常雄厚，资产规模达到 5 万亿美元，[①] 世界华侨华人专业人才高达 400 多万。在这 6000 多万华侨华人中，约有 2/3 的华侨华人分布在"一带一路"沿线国家和地区。据估计，仅东南亚地区就超过 3000 多万人，欧洲有 250 万左右，非洲在 100 万以上，中东地区也超过 50 万。"一带一路"沿线国家及地区的华商经济实力在世界总华商经济中的占比超过 2/3，约有 1/3 的世界华商 500 强企业分布在东盟地区。华商成为许多国家和地区经济发展的重要支柱。[②] 被列为"一带一路"建设的重点区域的东南亚地区是中国移民的聚居区。当地华商资本在海外华商资本中占有较大比例，在金融、商业、服务业、房地产等许多领域都起到举足轻重的作用。其中，海外最大的华人银行盘古银行集团坐落在泰国。马来西亚的绿野集团、云顶集团、金狮集团等华人公司市值超过 200亿美元。此外，印度尼西亚的三林集团、材源帝集团，新加坡的华侨银行集团、大华银行集团，菲律宾的联合药厂集团、许寰哥家族集团等华人企业均实力雄厚，在国际上享有盛誉。总之，华侨华人搭建的商业网遍布全球，海外华侨华人具备人力、资本优势，精通所在国的历史、文化、语言、风俗和法律，使他们成

---

① 郑文标，刘文正. 海外华商与一带一路协同发展 ［EB/OL］. 2020 – 01 – 16，中国社会科学网，http：//www. cssn. cn/zk/zk_ qqjj/202001/t20200116_ 5077837. shtml.
② 蔡建国. 华侨华人："一带一路"战略实施中重要力量 ［EB/OL］. 2017 – 03 – 13，人民政协网，http：//www. rmzxb. com. cn/index. shtml.

为"一带一路"倡议的参与者、贡献者和促进者。

2. 差异性与多元性并存

"一带一路"沿线国家在国情、经济社会发展水平等方面存在显著差异，同时，"一带一路"沿线国家的华侨华人人口规模与生存发展状况等也各不相同。例如，在东南亚地区，华侨华人移民时间长，融入程度好，已成为该地人口和民族的重要组成部分，此地区华商经济实力较强。在欧洲地区，华侨华人移民时间相对较短，其经济活动影响力不大。在中东地区，华侨华人移民规模小，且该地区受民族性与宗教性等因素的影响，在一定程度上限制了华侨华人的融入发展。我们在开展"一带一路"文明交流活动时应充分考虑差异性与多元性并存的现实局面。

3. 搭建沟通桥梁，优势凸显

首先，在"一带一路"沿线国家的海外华侨华人有着较高的社会地位和社会影响力，他们经济实力雄厚，主要分布于中新经济走廊，主要从事食品、房地产、银行业、烟草航运等行业。其次，华侨华人既传承中华传统文化精髓，又汲取所在地的风俗文化，逐渐成为中华文明海外传播的媒介。最后，华侨华人通晓双边贸易规则，掌握双边沟通渠道，这有助于避免贸易争端，减少贸易摩擦，推动贸易经济发展。[①]

"一带一路"倡议被称为是自21世纪以来最为重要的国际公共产品，具有开放性和包容性的特性，体现了中国"和而不同"的东方智慧。熟悉中华文化传统的海外华人具有跨文化交流的天然优势，既无语言沟通障碍，又深谙中外文化差异，在传播中国传统文化、讲好中国故事、加强中外经济合作、促进中外文化交流等方面发挥着得天独厚的优势，成为"一带一路"建设的先行者。

二、"一带一路"海外华人财富观的文化渊源

源远流长的中华文明给海外华人提供了珍贵的精神瑰宝。追溯海外华人财富观的渊源，主要表现在如下三个方面：

---

① 贾益民，张禹东，庄国土. 华侨华人研究报告（2019）［M］. 北京：社会科学文献出版社，2019.

第一，"缘"文化，① 即注重血缘、地缘、业缘。在传统企业中，家族式企业是大多数华商所采用的经营方式，体现了血缘优势。地缘关系在华人经济中也占有重要的作用，地处亚洲地区的各华商之间相互合作，使许多行业得以蓬勃发展。在华人经济中，华商之间根据业缘关系通过相互持股、合并或注入资本的方式合作互助、共同发展。华人的"缘"文化特色增强了华商的凝聚力和竞争力。

第二，受到儒家思想的熏陶，海外华人，尤其是第一代和第二代移民，他们深受儒家文化的熏陶和影响。儒家文化的仁、义、礼、智、信、中庸等思想牢牢地渗入到代代华人的思想中，并对他们的经营理念和经济活动产生了深远的影响。例如，儒家文化中的"以人为本""和谐人际关系""勤俭节约""重教"等传统文化美德，对企业文化的构建有着重要的作用。

第三，崇尚慈善文化。中国有句古语称"万般皆下品，唯有读书高"，体现了重文轻商的思想观念。在华人所在的国家中存在商人的经济地位与社会地位不匹配的现象。因此，华人尤其是东南亚华人深受中国传统思想的影响，在取得一定的经济地位之后，就会通过好善布施等方式提升自己的社会地位，从而进一步提升企业的知名度和声誉，如著名的华商陈嘉庚、李嘉诚等。

三、"一带一路"海外华人财富观的特点

海外华人经过了多种文化思想的不断冲击、碰撞，对于财富认知的心态、理念、思维、判断都在进行着转换，既有传统的传承，又有时代的烙印，形成了特色较为鲜明的财富观。

1. 重储蓄，成本意识强

勤俭节约一直是中国人以及海外华人华侨崇尚的传统美德，他们推崇"身贵而愈恭，家富而愈俭"，他们认为财富积累本质上是通过节省成本、增加留存收益的过程。海外华人的财富观体现在成本意识和投资意识方面。在生产和经营时，他们会选择精打细算，注重成本核算，以此来降低成本，增加收益，获得更大利润。另外，海外华人也非常注重储蓄，这为海外华人的资本奠定了深厚的基础。

---

① 伍华佳. 华商文化的渊源与异化 [J]. 当代财经，2002 (8).

2. 恪守诚信，以和为贵

恪守诚信是中华民族的传统美德。"一诺千金"体现了中华传统文化对恪守诚信的重视。除此之外，儒商文化中还崇尚"不贪赃枉法""不贪财害义"的义利观。海外华人将信用看得与生命同等重要。

儒家文化推崇和谐、中庸，注重天时、地理、人和。华人作为移民移居国外，在"天时""地利"方面都失去了优势，因此他们会更加注重"人和"，注重"和为贵"，追求和谐的人际关系，以弥补其他两方面的弱势。由此以来，他们对于其他民族和文化会怀有一种开放、兼容的态度。

中国传统文化中的民族文化精华如"人无信不立""和气生财""生意不成仁义在""君子爱财，取之有道"等对华商的成功起到了非常大的助推作用。华人华商们注重履信守义，力求片言九鼎、一诺千金。

3. 见利思义，重义轻利

孔子曰："不义而富而贵，于我如浮云。"此句正是对海外华人义利观的刻画，要通过正当的途径和合法手段来谋求利益。追求物质利益是合理的，但是追求物质利益却不是无条件至高无上的。在义与利发生矛盾时，把追求物质利益的行为置于"义"的前提下。既以义取利，用符合道义的方式来从事经商活动，以谋取利润，又奉行因利成义，把所获得的利益用于道德践履之中。

4. 子承父权，子承父业

在华人家族财富管理方面，呈现出财富传承内倾性，职位传递偏私化等特点。家族成员将财富累积放在首位，从家族企业传承角度来看，职位权威比财富积累更为重要。家长式权威在华人家族企业中体现得淋漓尽致。家长式权威集家长与企业主于一身，一方面将家长式权威带入到企业管理中，另一方面家长式企业主在企业管理和权益分配中会照顾、袒护家人，营造一种家族氛围的企业文化。此种家长式权威是华人家族企业中极为常见的。在华人财富管理中呈现"偏私化"态势，"子承父业"是华人财富管理中常见的传承模式。

5. 富而有德，善行万家

海外华人长期以来博施济众、热心公益、关注慈善。海外华人的慈善活动经历了从单一化到多元化的升级过程。最初的慈善活动形式多为扶贫济困、赈灾救援、敬老爱幼等，后来逐渐扩大到教育文化、妇女儿童、卫生健康、人权、环保等与全社会和全人类息息相关的话题。海外华人采取的是直接济贫扶困的慈善方式。随着财富的不断积累、社会地位的提高、眼界胆识的提升，华人们的慈善意识和理念也得以更新，他们不仅将慈善活动范围拓展到全人类共同关心关注的问题上，慈善活动的管理模式也从简单粗放向专业精细化转化。

总之，海外华人在海外根基稳固，积累了丰富的政商人脉资源，他们秉承中国传统文化精华又了解所在国的风俗文化，凭借其财力、人脉，以及沟通能力，将在"一带一路"的建设过程中发挥不可替代的作用。

第四节 财商文化互通、共同发展的具体措施

在推动"一带一路"倡议进程中，要以文化先行，以财商文化引领经济活动，通过加深与"一带一路"沿线国家的财商文化交流，推动区域共同发展，实现合作共赢。具体措施如下：

一、加快文化交流合作基础设施建设

首先要对"一带一路"沿线国家文化基础设施建设展开调查，对接相关技术标准，加快文化交流合作基础设施建设。搭建投融资和贸易交易平台，推动文化交流合作服务，为促进"一带一路"沿线国家之间的文化交流合作提供支撑。同时，根据合作交流国家的文化资源特点特征，搭建各式各样的文化产业合作平台。

二、丰富文化交流合作的内涵与形式

文化交流合作活动形式多样化，既可以采用文艺演出、公开出版、影视作品、文物展览等方式，还可以拓展到教育、科技、旅游、学术等文化交流领域，从而不断更新交流合作的形式，搭建交流合作平台。一方面，挖掘"一带一路"沿线国家的文化资源；另一方面，创新形式，共筑"民心工程"的文化基础。

三、推进文化精品建设与创新

文化精品是开展文化交流的重要载体。打造文化精品的关键点在于以产品为

基础不断创新技术、资源和形式。通过"请进来"和"走出去"双向渠道打造品牌文化产品，通过举办多种多样的文化活动，开展展览、演出、贸易等活动，利用新媒体手段，使得"一带一路"文化精神薪火相传，最终成为"一带一路"沿线国家繁荣飞速发展的重要纽带。

四、加强"一带一路"华商文化传播

挖掘"一带一路"海外华商的历史，总结凝练华商企业文化，从而传播"一带一路"中的华商文化。① 在"一带一路"的框架下举办全球华人华侨文化交流活动，逐步打造全球华侨华人文化交流论坛、全球华侨华人文化中心，不断加强"一带一路"财商文化交流和沟通。

五、推进"一带一路"沿线国家智库建设

建立具有地方特色的智库，加大"一带一路"沿线国家智库覆盖面，共建"一带一路"沿线国家的智库互通互建平台。将华侨华人专业团体及涉侨智库作为引智节点，加强各国之间的智库交流，尤其建立与"一带一路"沿线国家智库间的合作机制，在最大程度上提高智库信息的交流与共享，构建"人类命运共同体"发展新思路。

六、讲好"一带一路"故事，传播好"一带一路"声音

讲好"一带一路"故事以及其背后隐含的文化内涵和价值根源，是消除中外文化隔阂，加强财商文化沟通的有效方式。要通过各种方式向全世界传播"一带一路"倡议中所承载的共商、共建、共享的价值观，挖掘和平合作、开放包容、互学互鉴、互利共赢的文化内涵，讲好"一带一路"故事，传播好"一带一路"声音，加大财商文化交流，不断提高国际话语权与影响力，从而更好地反推"一带一路"建设顺利、有序、健康开展。

---

① 张源培. 海外华商中国发展路线图［J］. 中国名牌，2017（6）.

第十二章 "一带一路"财富管理与人才培养

新中国成立 70 年来，特别是改革开放 40 多年来，我国社会主义建设事业取得了辉煌成就，社会财富有了巨大积累，中国人民实现了由站起来、富起来到强起来的历史跨越。进入新时代，中国人民正在中国共产党的带领下，坚持新发展理念，走高质量发展道路，坚定奔向"两个一百年"的奋斗目标，努力实现富强民主文明和谐美丽的社会主义强国梦。在这一伟大的历史进程中，财富管理事业也一定会获得巨大的发展。①② 当前中国经济进入稳健发展的新阶段，并将持续为世界经济增长提供强大动力，"一带一路"正在直接或间接地拉动世界经济增长，"一带一路"是属于世界的重要财富，共建"一带一路"正在成为我国参与全球开放合作、改善全球经济治理体系、促进全球共同发展繁荣、推动构建人类命运共同体的中国方案。截至 2018 年，我国与"一带一路"沿线国家货物贸易额累计超过 5 万亿美元，对外直接投资超过 700 亿美元，中国企业在沿线国家推进建设 75 个经贸合作区，上缴东道国的税费为 22 亿美元，创造就业岗位 21 万个。③ 由此可见，在推进"一带一路"建设的进程中，财富是一个重要支撑，是撬动和连接各国建设不可或缺的支点与纽带，也是促进"五通"的基础条件。人才是决定一切的根本，习近平总书记谈道："创新的事业呼唤创新的人才。实

---

① 白光昭. 新时代财富管理十项原则 [J]. 山东工商学院学报，2020，34（1）：1 - 3.
② 白光昭. 财商宣言 [J]. 山东工商学院学报，2019，33（1）：1 - 2.
③ 中华人民共和国商务部. 中国与"一带一路"沿线国家货物贸易额累计超 5 万亿美元 [EB/OL].
http：//www. mofcom. gov. cn/article/i/jyjl/e/201804/20180402732360. shtml，2018 - 4 - 15.

现中华民族伟大复兴，人才越多越好，本事越大越好。"① 因此，做好"一带一路"财富管理工作的关键是如何培养好财富管理人才。

第一节 "一带一路"财富管理与人才 培养的基本概念

一、"一带一路"财富管理人才的内涵

人才是第一资源。古往今来，人才都是富国之本、兴邦大计。② 在2003年全国人才工作会议中，通过总结以往人才的定义，在中央文件中首次对人才概念作了阐释，即"只要具有一定的知识或技能，能够进行创造性劳动，为推进社会主义物质文明、政治文明、精神文明建设，在建设中国特色社会主义伟大事业中作出特殊贡献，都是党和国家需要的人才"。根据西方主流人力资源管理的概念，人才应该是指具有非同一般的知识、能力或意志，在一定条件下是不能被取代的、能做出突出贡献的人。换句话说，"人才"就是社会需要的具有高水平的人力资源个体。

财富管理人才特指在财富管理领域从事具体工作的高素质人力资源个体。一般意义上的财富管理主要指聚焦金融、财经、投资等金融服务领域的狭义的财富管理，在中共十九届四中全会"坚持和完善社会主义基本经济制度，推动经济高质量发展"内容中，提出了"重视发挥第三次分配作用，发展慈善等社会公益事业"，可见广义的财富管理，还应当包含第三次分配公益慈善的大财富管理理念和内容。因此，本书研究的"一带一路"财富管理人才具体是可以很好地助

---

① 习近平. 习近平在中国科学院第十七次院士大会、中国工程院第十二次院士大会开幕会上发表重要讲话强调"坚定不移创新创新再创新 加快创新型国家建设步伐"［EB/OL］. http：//rencai. people. com. cn/n/2014/0610/c244800 - 25126182. html，2014 - 06 - 10.

② 习近平主持召开网络安全和信息化工作座谈会强调：在践行新发展理念上先行一步 让互联网更好造福国家和人民［EB/OL］. http：//www. xinhuanet. com/politics/2016 - 04/19/c_ 1118670958. htm，2016 - 04 - 19.

力于"一带一路"建设的发展、具有良好的国际视野和多种多样的文化背景，学习过财富管理领域较高的专业知识以及从事相关实践活动，从事"一带一路"金融服务、公益慈善等财富管理相关工作的人才。"一带一路"财富管理人才的定义和概念见图 12 – 1。

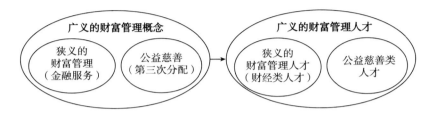

图 12 – 1　广义的财富管理和财富管理人才的概念

二、"一带一路"财富管理的人才需求概念

人才需求和人才供给一样，是在人力资源管理领域中结合西方经济学中"供给和需求内容"产生的新概念。人才需求是指社会在某个时期内和某个行业对相关人才的需要，包括整体需求和个体需求，也包括数量、水平和结构等方面的需求。在预测人才需求过程中，通常需考虑以下四个方面：目前人才的数量、未来发展的缺口、特殊人才的需求、人才供给是否失衡。

"一带一路"包含着一个前所未有的庞大复杂工程，其中孕育着巨大的财富金融市场，由于对人才的具体数量还无法精确预测，因此本书重点是结合"一带一路"财富管理市场的特点，对财富管理人才需求的类型和层次进行初步分析，有针对性地分析不同种类和人才的供给情况，并基于供需匹配得出财富管理人才的有效需求，在此基础上借鉴国外经验，提出能够满足"一带一路"财富管理人才有效需求的培养模式。

第二节　"一带一路"财富管理的人才需求分析

"一带一路"提到构建"丝绸之路经济带"要创新合作模式，重点发展"五通"，即政策沟通、设施联通、贸易畅通、资金融通和民心相通，由一点到整体，由部分到全部，逐步形成区域大合作格局。因此，在此情形下，对"一带一路"财富管理人才需求分析首先从"五通"五大领域的五个维度入手。

一、"五通"视域下"一带一路"财富管理人才的需求

"政策沟通"需要能够站在国际角度来看待问题的高端财富管理政策型人才。除此之外，政策沟通是相关国家在各领域各方面进行合作的前提和基础，通过国家政策来保障"一带一路"建设，聚焦财富管理领域，主要是需要熟悉国际财富管理政策的国际化人才。在"一带一路"的发展带动下，在"走出去"和"一带一路"国家进行合作中，参与财富金融领域的大国交流、调节国外财富管理事务、区域财富金融合作规划协调和经济贸易方面合作活动等方面的事务会逐渐丰富，其中涉及金融财富的市场广阔，更加需要在财富管理领域熟知各国政策的人才，能够开展金融财富区域合作协商、金融项目的运作、财富市场的发展、货币国际流通、财富管理事务的谈判等，能够从全球视野出发，认识和思考国家和区域问题的国际视野，因此，这个领域涉及财富管理的政策层面，所以对人才的要求最高，需要具有丰富工作实践经验又拥有国际视野和丰富财富知识储备的成熟高端人才。

"设施联通"要求能够熟练掌握和运用国际规则的财富管理基础实用型人才和应用型人才。设施联通是在"政策沟通"达成共识和合作框架的基础上，要求"一带一路"相关参与国家在交通、能源、通信互联互通等具体项目方面互帮互助，相互合作。基础设施主要包括航空、铁路、航海、输气管道等一系列与群众相关的基础设施，在这些跨国项目运作中，少不了金融货币往来，因此，在这些具体的项目中，一方面需要熟知"一带一路"金融政策、熟悉国际货币金融规则，尤其熟悉跨国项目涉及的金融货币交易管理的中层管理者，更要在具体操作层面拥有如国际会计等高素质的通晓国际规则的财富管理一线技术人才才能确保项目的顺利运行。因此，"设施联通"中急需具备财富管理知识和综合管理能力的复合应用型人才，又需要熟练掌握财富管理基本技能，能够在一线从事具体工作的基础型的实用类人才。

"贸易畅通"中涉及大量的财务往来和金融贸易往来，因此与"设施联通"对人才的需求有相似之处，鉴于"贸易畅通"的国际贸易特点，需要的人才需

要更多复合多语种语言技能。经贸合作是"一带一路"建设的重点组成部分，在当前世界经济一体化的发展背景下，在"一带一路"的经济贸易合作的现实条件下，相关国家在建设自贸区、货物以及人口通关便利性等国际间相互合作的问题方面，均需要国际化的通晓国际贸易的财富管理人才，而国际合作的重要基础是沟通流畅，只有精通外语，才能避免交流过程中遇到阻碍。此外，"一带一路"沿线国家基本都是小语种，因此精通小语种的人才是双方沟通的桥梁，特别是既能够熟练运用相关国家的语言又有经济贸易实践基础的综合型小语种财富管理人才。在外语与相关知识能力的配合下，用小语种和国际视角下的思维方式进行特定行业的交流与合作，才能实现国际经贸合作的共赢，因此"贸易畅通"既需要通晓国际贸易知识拥有财富管理核心能力的应用型人才，又需要能够在实际工作中完成具体操作的基础实用型人才，而无论是哪类人才，都需要符合小语种的能力和技能。

"资金融通"需要既能够促进国际经贸合作的创新思维的高端财富管理政策型人才及具有丰富实践经验的应用型人才。"一带一路"建设过程中最重要的基础和支撑就是资金融通。不仅包括由中国倡议设立的亚洲基础设施投资银行、由金砖国家共同设立的金砖国家开发银行，还有货币稳定、债券市场开放、双方币种的兑换等方面的合作，都要求财富管理方面都能够站在国际角度思考问题的人才做出贡献。而目前积极促进"一带一路"的各个国家在财富领域的合作，一方面能够促进国际合作与创新的财富管理人才缺口较大，虽然站在全球角度来看，全球性财富领域发展较广，能够通过一定方式解决国际难题，但是"一带一路"涉及的国家及政府数量较大，资金链复杂，货币、基金、债券、金融市场的开放等问题，对具有专业思维的创新型国际化人才需求较大；另一方面能够熟练操作国际化资本的相关专业人才的需求量也较大，他们不仅要懂得实现资本的良性流通以及货币的良性兑换，了解国际财富市场运行的规律、特点和规则，特别是欧盟制定的国际市场的规则，顺利进行金融投资、企业以及技术方面的并购、相关行业的资产证券化等，善于开展风险预警、产融对接、国际商务等，一切活动的开展都需要一定数量的高水平宽领域的财富管理人才作为顶梁柱。这些高素质人才既需要具有政策层面的知识，又需要具有实践和业务层面的知识。

"民心相通"需要公益慈善类财富管理复合型应用人才。"一带一路"建设的根基是相关国家风俗文化和社会文化的接受与融合。民心相通即求同存异的过程，是不同国家的人民寻找不同的社会风俗和文化背景下民心的共同点的过程，接受和尊重对方的生活和生产方式，是得到对方支持，避免冲突、开展合作的前提条件。所以各个国家之间的文化交流能够扩展文化融合的广度和深度。这一领域主要需要的是财富管理人才中的公益慈善人才，需要更多的志愿服务、公益创投项目、慈善活动作为桥梁，架起"一带一路"各国的文化交流。随着"一带一路"政策的实施和推广，以及各个项目的设计与开展，越来越多的国家间社会组织在中国的发展和国际交流过程中发挥着更加重要的作用，对国际公益慈善人才的需求也更加迫切。尤其是近十几年在社会经济蓬勃发展的背景下发展起来的公益金融运作模式，不仅可以实现适度盈利，而且可以提高社会以及环境效益，国内互联网金融的兴起给"一带一路"建设构建起了技术的支撑，尤其是公益金融的部分。在此背景下，培养更多具备财富管理专业素质、开阔的国际视野和卓越交流能力的公益慈善专业复合型应用人才显得尤为迫切。

通过对"五通"五大领域人才需求的分析，无论是狭义财富管理的金融服务类人才还是公益慈善类人才，对"一带一路"财富管理人才的能力素质需求主要可以聚焦归纳为三个层面：首先，需要了解财富管理政策，并拥有财富管理政策分析能力的人才；其次，需要通晓财富管理知识，并拥有财富管理复合应用能力的人才；最后，需要掌握财富管理技能，并拥有财富管理基础实用能力的人才。

二、"一带一路"财富管理人才的供给

目前，随着"一带一路"工程的推进，各项针对"一带一路"工程需要的人才专项、人才工程也如雨后春笋般涌现，重点是对人才的国际化视野的培养、小语种能力的强化及对人才综合能力的提升，然而，针对"一带一路"财富管理领域，聚焦以上三个层次类别的人才，目前的人才供给还存在以下问题：

首先，狭义上财富管理人才的供给不足。"一带一路"工程蕴含巨大的财富管理市场，需要大量的复合型金融服务人才，然而，目前对金融服务类的财富管理人才供给不足，不仅体现在整体数量上的不足，也体现在结构上的不合理。目前，拥有丰富实践经验，又通晓国际政策的高端金融服务类财富管理人才供给不足，相对于巨大的财富管理市场，对于那些具有一定的实践经验，又能掌握财富管理知识的高素质复合应用人才以及熟练掌握财富管理技能的实用

型人才都远远不足。

其次，公益慈善类财富管理人才供给不足。尽管各高校和机构培养出了一批公益慈善方面的专业人才，但是行业内优秀公益慈善专业人才的供给仍处于相对匮乏的状态。其原因主要包括：公益慈善行业的就业吸引力或行业发展与受教育者之间的信息仍存在断层；公益慈善教育供给受到学科制度和高校制度的动力约束；公益慈善研究与知识生产还未形成支撑网络，公益慈善行业在教育创新资源、人才需求信息以及实习、实调等实践教学环节给予的支撑还存在不足；等等。"一带一路"政策的实施对公益慈善专业人才供给方提出了新的要求，教育院校和机构需要运用国际化、实践性、创新性的公益慈善知识生产方式，培养慈善家、慈善组织高级管理人才，聚焦教育、健康、扶贫、环保等公益领域，并在影响力投资、国际化慈善发展等新兴领域进行探索，争取在国际舞台上逐步展现中国公益慈善人才的领导力和影响力。

最后，对于广义的财富管理通识类人才的综合供给不足。目前各类人才培养主体要么针对金融管理型财富管理人才进行培养，要么对公益慈善类人才进行培养，少有能够在大财富管理视域下对两大类人才进行通识培养和整合式的供给。

除了以上主要的人才供给问题，由于"一带一路"财富管理对人才综合素质和多元能力的要求，倒逼人才培养的主体也需要日益多元，在政府的引导下，高校、企业和社会组织以及智库都应当承担起各自的培养任务，又需要互相合作，打破原有的组织壁垒，以人才需求为导向进行培养资源的重新整合，然而目前虽然有越来越多的培养主体逐渐意识到自身的责任和角色，也逐渐加入到人才培养的工程中来，但培养主体之间的破壁垒协同合作还远远不够，无法满足综合多元的人才培养需要。

三、供需匹配的"一带一路"财富管理人才有效需求

通过对"一带一路"的"五通"领域财富管理相关人才的需求进行分析，并对目前财富管理人才供给进行匹配，"一带一路"项目下对于人才的需求根据不同目的和要求可以分为财富管理高端政策型人才、财富管理复合应用型人才和财富管理基础实用型人才三个层级，最关键的因素是人才培养的专业化和人才的国际化，培养的主要方向就是为"五通"领域的财富管理相关工作提供关键的智力和人力资源保障。因此，"一带一路"背景下，财富管理人才的有效需求应

当是在"五通"引导下的聚焦三大层次的能够全方位支撑"一带一路"财富管理市场需要的人才需求,见图 12-2。

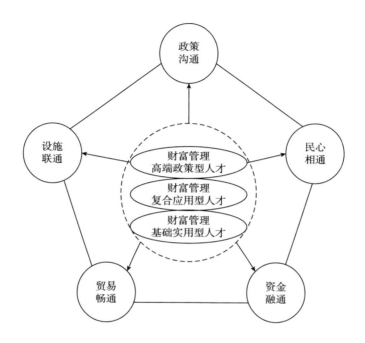

图 12-2 支撑"五通"五大领域的财富管理三层次人才框架

第三节 供需匹配视角下"一带一路"财富管理人才的培养模式

一、人才培养模式的概念和界定

1998 年,教育部在《关于深化教学改革,培养适应 21 世纪需要的高质量人才的意见》中,诠释了"人才培养模式"的深层含义并且做出了清晰的解释:"人才培养模式是学校为学生构建的知识、能力、素质结构,以及实现这种结构的方式,它从根本上规定了人才特征并集中地体现了教育思想和教育观念。"概括起来就是,人才培养模式就是研究培养什么样的人以及怎么培养。换句话说也就是培养目标和培养方式。众多学者认为人才培养模式的要素主要包括:专业设置、课程体系、教育途径、教学方法、教学手段、教学组织手段等,①② 传统的人才培养模式主要依赖于各大高校的内部,该模式下各要素与宏观的政策制定以及微观的人才效用的发挥没有必然的联系,产生了高校培养的人才不能与现实的需要完美衔接的情况。所以在"一带一路"人才培养模式的设计中,应当摒弃人才培养完全由高校负责的情形,依靠较为传统的内部要素,面对社会复杂的情形,不同的人才培养主体和差异化的人才培养层级并不完全适用。我们人才培养模式的最关键要素是培养层级,它体现了"一带一路"人才的结构需求和培养方向与目的及培养规模程度。根据不同的培养层级,又对应着不同的人才培养主体和人才培养途径。因此,培养主体、培养层级和培养途径构成了我们在培养人才时需要的最重要的三个部分,是我们构建新型人才培养模式最需要考虑的三个层次。③

二、"一带一路"财富管理人才培养模式的重新建构

聚焦财富管理领域,财富管理人才培养模式首先符合一般意义上的人才培养模式,其次还有财富管理自身的特色和特点。"一带一路"背景下,首先以培养主体、培养层级和培养途径三个方面来进行宏观架构,从而实现培养模式的重新构建这个目标。在此宏观架构中,培养主体是"一带一路"背景下人才培养的实施和负责单元,人才培养的标准和方向则是培养层级,人才培养的方法和过程则是培养途径。

"一带一路"财富管理人才培养模式中,财富管理人才的培养主体除了高校,还有各级各地方的各类主题的智库,以及企业和广大的社会组织;根据需求,不同的主体培养财富管理人才层次的重心不同,智库主要培养财富管理高层次高端政策型人才,高校主要培养财富管理复合应用型人才,企业和社会组织主

① 龚怡祖. 论大学人才培养模式 [M]. 南京:江苏教育出版社,1999.
② 董泽芳. 高校人才培养模式的概念界定与要素解析 [J]. 大学教育科学,2012(3):30-36.
③ 穆正礼,罗红玲,蓝玉茜,魏珮玲."一带一路"背景下的人才需求及人才培养模式——基于中国-中东欧国家合作大数据的分析报告 [J]. 海外华文教育,2017(7):869-892.

要负责培养财富管理基础实用型人才（见图 12 - 3）。从理论上人才可以清晰地划分为三个层级，然而现实中需要的人才类型更为综合和复杂，因此，培养主体间也不是且不能互相孤立，而是要充分协作，互为支撑，资源共享，形成培养人才的合作网络。在这三类主要的直接培养主体的基础上，还有间接培养主体政府的作用不容忽视。政府虽然不会直接培养人才，但是政府可以充分发挥自身制定政策及引导调控的功能，为三个层级的人才培养提供宏观的政策支持、资金扶持和平台搭建，营造良好的人才培养环境。

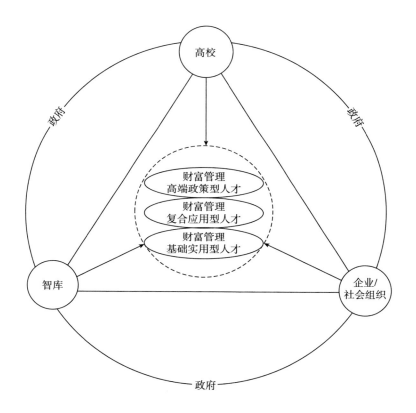

图 12 - 3 "一带一路"背景下三层次人才的多主体培养模式框架

1. 财富管理高端政策型人才培养模式

在"一带一路"财富管理相关工作中，首先需要的是通晓各国财富金融政策的高端人才，这类人才往往本身已经是工作多年的较为成功成熟的人才，在对此类人才的培养中,主要依赖的主体是智库,政府为此类人才的培养提供需求引导和资金的支持,高校提供场所、一部分的师资作为合作方,企业更多的是需求方。智库通过研究大量政府政策,从而达到影响公共决策的目标,是生产新知识、新思维、新观点、新理论的"思想工厂",近些年来发展迅速,智库主要分为官方智库、高校智库、民间智库,可以看到各级各类的智库在从国家到各地方的决策中起着不可忽视的智囊咨询作用。智库本身就是高端人才聚集的高地,同时也是生产高端政策型人才的主要基地,很多智库中的精英经常能够随时转换身份,从事重要的决策工作。对于财富管理的高端政策人才,也多来源于财富金融相关的智库机构,智库中的人才既有丰富的工作实践经验,又有深入高端的研究水平,是成熟优质人才,因此,智库主要是财富管理类智库,是财富管理高端政策型人才的主要供给主体,如图 12 - 4 所示。

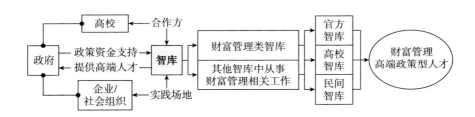

图 12 - 4 "一带一路"财富管理高端政策型人才培养主体——智库

对于财富管理高端政策型人才的培养模式中,培养主体主要是智库,包含财富管理类的智库也包含其他类别智库(有从事财富管理相关工作的人才),培养途径主要是"干中学",在政府协调沟通下,以智库为核心成立"一带一路"的专项培训,整合师资结合智库的实际工作,联合高校和企业通过更多"干中学"的方式,共同培养"一带一路"财富管理专项人才,这类人才由于原本就是成熟高素质的高端人才,因此只需要对其有针对性地进行专项业务强化,而智库恰好可以将实践和研究相结合,提供此类"干中学"的人才培训服务。

2. 财富管理复合应用型人才培养模式

"一带一路"的财富管理工作,需要拥有财富管理核心能力的综合性复合型人才,这类人才更多地由高校作为培养主体,高校不仅具有财富管理相关专业,还具有多种专业多门学科,因此可以针对"一带一路"中具体的财富管理人才需求，整合教学资源，提供相应的打包套餐式的人才培养。财富管理复合应用型人才是"一带一路"的主力军，应当具备国际视野，具有多种语言沟通能力，以及以财富管理为核心能力的政治、法律等综合素质，掌握财富管理核心能力的高素质青年人才，这部分人才最适合在高校中进行培养或者培训，如图 12 - 5 所示。

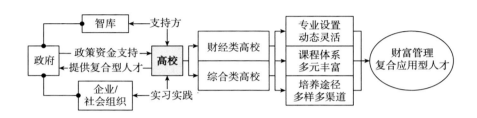

图 12 - 5　"一带一路"财富管理复合应用型人才培养主体——高校

对于财富管理复合应用型人才的培养，主要培养主体是高校。培养途径可以通过创新整合性的专业设置和定制的多元化的课程内容实现，首先，高校应该根据国家需要和社会经济发展，及时调整专业设置，并对专业进行动态管理，可以在政府的主导下建立"一带一路"人才需求数据库，并设立财富管理子库，追踪企业需求做好调研，及时完善更新数据库，根据数据库的评估和预测，对财富管理相关专业进行调整，避免高校专业设置和调整的滞后性。

改革开放以来，在全国人民共同建设全面小康社会的背景下我国居民个人可支配收入的增加，财富管理的市场越来越大，这属于狭义的财富管理市场，然而相对应的人才培养也还是不足的，广义的财富管理包含了财经类以及公益慈善类的人才，目前这两类人才的培养仍然是不足的，因此，要通过政府的积极引导，进行资金项目的支持，设立相应的奖学金，支持"一带一路"财富管理人才培养。在课程内容的设置上，也要突破以往"专才"的课程内容壁垒，更多地进行以财富管理为核心的课程，综合其他所需门类知识的多元化课程内容，并且要结合"一带一路"建设中对哪些方面人才的缺口较大，体现在培养方案中就是要不仅让学生进行理论知识的学习，更要通过丰富的实践，实现人才综合能力的提升，实现打造复合型应用型人才的目的。在此过程中，智库起到研究支撑的作用，可以让学生更多地参与智库的研究实践工作，从中得到锻炼，企业和社会组织要发挥更为积极的作用，与高校建立更多的实习实践基地，在财富管理人才培养中更多地进行需求提出、人才试用和建议反馈。

3. 财富管理基础实用型人才培养模式

在"一带一路"建设中，实用型人才的缺口最大，他们需要做好跨国设施项目中基础岗位的工作，他们虽然不需要具备深厚的理论知识，但是能够顺利展开并圆满完成工作的技术人员和一线基础业务人员。聚焦财富管理例如国际会计、国际贸易核算、国际志愿者服务等，对于此类人才的培养，企业/社会组织是主体，如图 12 – 6 所示。

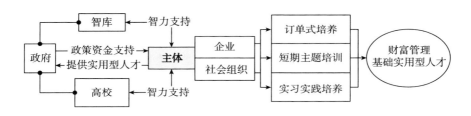

图 12 – 6 "一带一路"财富管理基础实用型人才培养主体——企业/社会组织

关于财富管理基础实用型人才的养成主体主要是企业和社会组织，智库和高校都起到智力支持的作用，对于这类人才可以通过订单式的培养、短期主题培训和实习实践培养等多种方式，使人才在企业和社会组织中通过实际工作的锻炼，对财富管理基础实用型的人才进行培养。

第四节 "一带一路"财富管理的人才培养建议

研究基于对"一带一路"财富管理人才有效需求的分析，明确了"五通"五大领域主导下的三个主要层次的人才，分别是财富管理高端政策型人才、财富管理复合应用型人才及财富管理基础实用型人才，并进一步明确了三类人才各自主要的培养主体。面向未来，各类人才培养主体都要进一步发挥主动性，互为支撑，协同合作，共同服务于"一带一路"的财富管理人才需求。

一、智库除了做好自身决策咨询及政策研究工作，更要充分发挥人才培养功能，做好“一带一路”财富管理高端政策型人才培养的主战场

智库既是人才需求方，需要大量人才从事智库咨询工作，又是人才供给方，大量的人才通过智库工作得到了锻炼和提升，因此，对于智库来说：

首先，在人才培养上进行“观念重塑”。要树立正确的智库人才观，这种人才观既包含智库如何更好地引进人才、使用人才，也包含智库应当如何更好地培养人才、输出人才，让智库成为人才的蓄水池、流动站，人才既可以在智库中得到才能发挥，找到归宿，也可以在智库中尽情地锻炼提升，智库也应当从观念上重塑，打破原有的智库是人才需求方的固有印象，更多地从人才供给、人才培养、人才输出的功能角度设计制度和机制，从而服务于“一带一路”的财富管理人才需求。

其次，在人才培养上进行“机制突破”，充分发挥出智库的人才培养功能，尤其是财富管理类的智库，要在“一带一路”财富管理人才需求导向基础上，超前培养、跨域培养、精确培养、融合培养，将智库研究人才纳入“一带一路”各类实际工作和工程项目中，设立专项培养计划，通过更多的挂职锻炼、项目带培、跨学科调训等多种形式进行针对财富管理的能力培养，让人才在智库中得到全方位提升，满足“一带一路”财富管理人才需求。

最后，在人才培养上进行“多元创新”，以财富管理为核心，以国际化为导向，围绕经济、政治、文化、社会、生态、党建等领域，建设人才培养专项，努力将党政部门、科研机构、各大高校、社会企业、传统媒体、新媒体和社会非营利团体的智力资源，打造融入各个学科，横跨各个部门各个机构的“财富管理＋”的人才培养体系，充分满足“一带一路”财富管理对人才的复合型综合性的要求。

二、进一步打破专业和学科壁垒，聚焦“一带一路”财富管理人才需求整合教学资源，凝聚力量培养好复合应用型人才

高校在“一带一路”财富管理人才培养中承担的主要任务是输出复合应用型人才，因此高校首当其冲要做的是打破学校内部学院、学科、专业及系所之间的壁垒，充分整合内部资源，以人才需求为主打造不同的人才专项，构建有利于真正人才脱颖而出的体制机制，具体来说：

不拘泥于传统的专业学科限制，以人才需求为导向，科学定位和制定财富管理人才培养目标。根据"一带一路"工程财富管理人才需求，高校要根据现实需要，结合本身发展的现实状况培养出科学的财富管理专业人才，以核心能力为主线，加强专业课程建设，依据"一带一路"财富市场需求完善财富管理人才培养体系，从而不断培养出社会适应性强的能够且不仅仅能够服务"一带一路"的财富管理专业人才。

打破原有专业限制，注重培养学生跨语言的文化交流能力。"一带一路"参与国家使用的语言种类较多，财富管理人才所从事的工作需要实现与国外客户流畅、准确和高效的沟通，因而财富管理专业毕业生不仅要熟悉他们的文化背景更要具备与国外客户顺畅沟通的能力，这是企业用人时考察的一个重要方面。为此，高校财富管理教育要注重提高学生的听、说、读、写等各个方面的能力，让学生能够顺利将书本上的理论知识与实际情况结合起来。另外，财富管理专业学生的语言学习，要在"一带一路"沿线国家文化背景下，学习他们的社会风俗、民族文化，细化学习不同国家的小语种，从而满足企业的需求。

加强学科间交叉融合，加强对财富管理学生创新水平的提高。创新能力对于企业来说具有深刻影响，当前社会背景下，知识在某种意义上就等于财富，企业不断引进毕业生为的就是不落后于快速发展的时代，增强企业的生命力。而在知识经济时代，创新型人才更是企业发展壮大、蓬勃发展的密码。为此，财富管理专业人才应当立足本专业，并充分与其他专业融合，如大数据专业、公益慈善专业等，实现真正的复合型培养。

更加重视拓宽国际化人才培养渠道，在实践环节加入更多的国际化思维，针对"一带一路"沿线国家，有针对性地进行跨国人才交流，国内外高校和企业紧密配合，全面实施校企合作，形成产、学、研、用一体化人才培养和成长的模式；设计各种形式的境外研修项目，时间跨度包含短期和中长期，搭建学习、研究、实践、国际合作交流平台，让财富管理人才不仅仅复合国际化视野、复合语言能力，更重要的是复合跨文化的交流和理解沟通能力。

三、企业和社会组织在人才培养环节要进一步增强主观能动性，为人才提供沙场练兵的机会，为"一带一路"供给财富管理基础实用型人才

"一带一路"财富管理人才需求的多样性，决定了企业和社会组织在人才培养过程中应当发挥更多的主观能动性，而不是被动地等待高校输送人才。

首先，企业和社会组织应当转换观念，从自己用人单位、用人机构的角色转化为人才培养人才使用的角色，在高校的人才培养过程中，企业和社会组织就应当更多地参与，嵌入其中，通过项目定制、短期实习等方式，在人才培养上游就精准发力，校准人才培养方向，从而为后期人才使用打下良好的基础。

其次，企业和社会组织在使用人才的过程中应当更多地以人才培养为目标进行机制创新，运用经典的"干中学"原理，让人才在实践中学习，在实践中增长才干，不仅使用人才，还要担负起更多的人才培养的职责，更多地参与到"一带一路"建设中去。

四、政府要更多地发挥引导和协调功能，基于更多的政策和资金支持，积极整合人才培养资源，促使各人才培养主体形成高度协同的合作网络

政府虽然不是人才培养的直接主体，但是政府在"一带一路"人才培养过程中起着至关重要的作用，只有政府才能够担负起整合多方人才培养资源的能力，"一带一路"对财富管理人才复合型综合性的需求，决定了单一主体无法完成人才的培养工作，需要多主体各司其职，互相协作，在同一人才的不同培养阶段，在不同人才的同一培养主题方面加强沟通，互为支撑，共同服务好"一带一路"对财富管理人才的需求。

人才是一切的根本，人才作为"一带一路"建设中最宝贵的资源，直接影响着"一带一路"的顺利推进以及目标达成。作为"一带一路"建设的重要支撑，一方面财富和财富管理为"一带一路"融通商机，是"一带一路"的重要基础，另一方面"一带一路"也为我国财富管理和国际合作提供了新的机遇。因此，在"一带一路"重大工程的历史机遇下，应当进一步聚焦"一带一路"财富管理人才需求，明确有效需求，在"五通"主导下，聚焦财富管理高端政策型人才、财富管理复合应用型人才和财富管理基础实用型人才，充分发挥智库、高校、企业和社会组织等多元人才培养主体的积极性，政府作为沟通和协调的桥梁，要进一步整合多元教育资源，以需求为导向，创新培养模式，从而服务于"一带一路"历史工程，为世界创造出更丰富多元的社会和经济财富。

参考文献

［1］习近平．习近平在中国科学院第十七次院士大会、中国工程院第十二次院士大会开幕会上发表重要讲话强调"坚定不移创新创新再创新　加快创新型国家建设步伐"［EB/OL］．http：//rencai．people．com．cn/n/2014/0610/c244800 － 25126182．html，2014 － 06 － 10．

［2］"习近平主持召开网络安全和信息化工作座谈会强调：在践行新发展理念上先行一步让互联网更好造福国家和人民"［EB/OL］．http：//www．xinhuanet．com/politics/2016 － 04/19/c_ 1118670958．htm，2016 － 04 － 19．

［3］白光昭．坚持四个统领全面加强党对高校的领导［J］．中国高等教育，2020（13）：26 － 28．

［4］白光昭．新时代财富管理十项原则［J］．山东工商学院学报，2020，34（1）：1 － 3．

［5］白光昭．财商宣言［J］．山东工商学院学报，2019，33（1）：1 － 2．

［6］卞洪登．丝绸之路考［M］．北京：中国经济出版社，2007．

［7］王利器．盐铁论校注［M］．北京：中华书局，1992．

［8］钱穆，叶龙．中国经济史［M］．北京：北京联合出版公司，2009．

［9］乌冬峰，张雅，黎芳．一带一路国家战略研究［M］．北京：人民出版社，2017．

［10］陈甬军．一带一路经济读本［M］．北京：经济科学出版社，2017．

［11］张祥建，赵素君．"一带一路"倡议下上海建设跨国财富管理中心模式研究［J］．科学发展，2017（8）：87 － 95．

［12］李想．"一带一路"下的财富管理之路［J］．新产经，2017（11）：44 － 45．

［13］中国国家一带一路网，https：//www. yidaiyilu. gov. cn/.

［14］孟凤翔. 2019 全球财富管理报告［R］. 亿欧智库，2019.

［15］普华永道. 中国家族财富管理扬帆起航［R］. 2020.

［16］陈功侃. "一带一路"下中资海外金融机构的机遇［J］. 浙江经济，2017（16）：62.

［17］冯建功. "一带一路"倡议背景下内蒙古对蒙古国、俄罗斯金融合作的思考［J］. 内蒙古财经大学学报，2019，17（1）：49－52.

［18］朱莉. "一带一路"倡议下中国新疆与中亚五国金融合作问题研究［J］. 新疆财经，2018（6）：71－77.

［19］高延芳. "一带一路"背景下中缅边境区金融合作研究——以瑞丽国家重点开发开放试验区为例［J］. 商业经济研究，2017（23）：135－137.

［20］金琦. "一带一路"倡议与中国金融开放新格局下丝路基金的机遇与使命［J］. 清华金融评论，2018（12）：31－32.

［21］南楠. 中国与"一带一路"沿线国家金融创新合作的困境与出路［J］. 对外经贸实务，2019（8）：56－58.

［22］田国立. 深化金融合作推动共建一带一路高质量发展［J］. 中国银行业，2019（6）：10－11.

［23］中国对外投资发展报告 2018，中国商务部。

［24］中国保监会关于保险业服务"一带一路"建设的指导意见［EB/OL］. 中国银保监会网站，2017－04－28.

［25］杜婕，张墨竹. "一带一路"倡议对绿色金融发展的促进作用研究［J］. 吉林大学社会科学学报，2019，59（3）：49－61＋232.

［26］张末冬. 2019 年末共 11 家中资银行在 29 个"一带一路"沿线国家设立 79 家一级分支机构［EB/OL］. 中国金融新闻网，2020－05－23.

［27］进出口银行"一带一路"贷款余额已超万亿元［EB/OL］. 新华网，2019－04－17.

［28］王炜，刘琴. "一带一路"倡议下深化中乌金融合作的思考——以乌兹别克斯坦经济改革为视角［J］. 新疆社科论坛，2019（2）：55－58.

［29］朱莉. "一带一路"倡议下中国新疆与中亚五国金融合作问题研究［J］. 新疆财经，2018（6）：71－77.

［30］云倩．"一带一路"倡议下中国—东盟金融合作的路径探析［J］．亚太经济，2019（5）：32－40＋150.

［31］何平，王淳．"一带一路"贸易区域人民币使用的最优国别研究［J］．学术研究，2019，411（2）：76－84＋183.

［32］陈小荣．"一带一路"建设对人民币国际化的影响研究［D］．河北大学，2018.

［33］中国人民大学国际货币研究所．"一带一路"战略助力人民币国际化［J］．金融博览，2015（8）：32－33.

［34］孟刚．法定数字货币与人民币国际化［J］．中国金融，2019（24）：31－33.

［35］厉以宁．股份制与现代市场经济［M］．南京：江苏人民出版社，1994.

［36］托马斯·皮凯蒂．21世纪资本论［M］．巴曙松等译．北京：中信出版集团，2014.

［37］杨斌．重视发挥第三次分配作用探寻中国特色公益慈善之路［EB/OL］．人民网，2020－01－02，http：//www. xinhuanet. com/politics/2020－01/02/c_ 1125415972. htm.

［38］王名等．第三次分配：理论、实践与政策建议［J］．中国行政管理，2020（3）：104.

［39］杨团．慈善蓝皮书：中国慈善发展报告（2019）［M］．北京：社会科学文献出版社，2018：7.

［40］海外华商与一带一路协同发展［EB/OL］．https：//www. 360 kuai. com/pc/9117a8a5315fbe0c0？cota＝3&kuai_ so＝1&sign＝360_ 57c3bbd1& refer_ scene＝so_ 1.

［41］如何推进"一带一路"下中外文化交流？［EB/OL］．https：//www. sohu. com/a/144386721_ 656655.

［42］一带一路沿线国家宗教格局及其沟通策略［EB/OL］．https：//www. sohu. com/a/222452310_ 682144.

［43］罗伯特·徐．你所不知道的华人首富家族［M］．上海：复旦大学出版社，2012.

［44］林晓峰，方勇．一带一路与海外华人研究［M］．北京：中国社会科

学出版社，2018.

［45］习近平．弘扬人民友谊共创美好未来［EB/OL］. http：//news. xin-huanet. com/world/2013 – 09/08/c_ 117273078. htm.

［46］陈村富．宗教传播与文化交流［J］．世界宗教研究，2002（1）.

［47］彭树智．文明交往论［M］．西安：陕西人民出版社，2002.

［48］李国强．古代丝绸之路的历史价值及对共建"一带一路"的启示［J］．求是，2019（1）.

［49］卓新平，蒋坚永．"一带一路"战略与宗教对外交流［M］．北京：社会科学文献出版社，2016.

［50］徐照林，王竞楠．"一带一路"建设与全球贸易及文化交流［M］．南京：东南大学出版社，2016.

［51］王义桅．世界史通的："一带一路"的逻辑［M］．北京：商务印书馆，2016.

［52］何光沪，许志伟．对话二：儒释道与基督教［M］．北京：社会科学文献出版社，2001.

［53］中华人共和国商务部，中国与"一带一路"沿线国家货物贸易额累计超 5 万亿美元［EB/OL］. http：//www. mofcom. gov. cn/article/i/jyjl/e/201804/20180402732360. shtml，2018 – 4 – 15.

［54］舒光伟．德国高等应用型人才培养的特征和启示［J］．全球教育展望，2005，34（3）：72 – 75.

［55］刘若霞，张加民．美国 STEM 教育战略及其对中国人才培养的启示［J］．中国注册会计师，2015（2）：112 – 116.

［56］王志强．一体与多元：欧盟创业教育的发展趋势及其启示［J］．教育研究，2014，35（4）：145 – 151.

［57］龚怡祖．论大学人才培养模式［M］．南京：江苏教育出版社，1999.

［58］董泽芳．高校人才培养模式的概念界定与要素解析［J］．大学教育科学，2012（3）：30 – 36.

［59］穆正礼，罗红玲，蓝玉茜，魏珮玲．"一带一路"背景下的人才需求及人才培养模式——基于中国 – 中东欧国家合作大数据的分析报告［J］．海外华文教育，2017（7）：869 – 892.